ドイツ資本市場法の諸問題

ハインツ・D. アスマン 著

丸 山 秀 平 編訳

日本比較法研究所
翻訳叢書 45

Vorwort

Als ich von Professor *Shuhei Maruyama*, dem *Institute of Comparative Law in Japan* an der Universität Chuo und der Juristischen Fakultät der Universität Chuo eingeladen wurde, in den Monaten März und April des Jahres 1995 an der Universität Chuo als Gastprofessor zu unterrichten, drängte sich vor allem ein Thema auf: Die Herausbildung eines eigenständigen Kapitalmarktrechts und die erstmalige Beaufsichtigung des Marktverhaltens von Kapitalmarktteilnehmern durch ein Aufsichtsamt (d.h. das neu geschaffene Bundesaufsichtsamt für den Wertpapierhandel). Beides war dem Mitte 1994 als Bestandteil des Zweiten Finanzmarktförderungsgesetz verabschiedeten Wertpapierhandelsgesets zu verdanken.

Das Wertpapierhandelsgesets, welches auch als Grundgesetz des deutschen Kapitalmarkts bezeichnet wird und als Deutschlands „Big Bang" angesehen werden darf, ist inzwischen vielfach geändert worden, durchweg mit der Zielrichtung der Ausweitung seines Anwendungsbereichs und der Verbesserung der Aufsicht über den Kapitalmarkts. Die Zielrichtung des Gesetzes sowie die in diesem geregelten und in dem hier abgedruckten Vortrag vorgestellten Materien sind dem Wertpapierhandelsgesetz erhalten geblieben. Auch das Vierte Finanzmarktförderungsgesetz, dessen Entwurf vermutlich im Herbst 2001 veröffentlicht werden wird, wird daran nichts ädern und wird allenfalls den Regelungsbereich des Wertpapierhandelsgesetzes um eine Neuregelung der Börsentermingeschäfte erweitern.

Mein Vortrag zur Entwicklung des Kapitalmarktrechts in Deutschland sprach zahlreiche Fragen an, die 1995 auch für deutsche Ohren viel Neues und Unverständliches brachten. Heute hat sich das Kapitalmarktrecht hingegen zu einem der wichtigsten Wachstumsbereiche des deutschen und europäischen Rechts herausgebildet. Vor allem sind dem Wertpapierhandelsgesetz zahlreiche weitere Gesetze zur Schaffung der rechtlichen Rahmenbedingungen für funktionsfähige Finanzmärkte zur Seite getreten. Sie werden im Winter 2001 um das bereits als Referentenentwurf vorliegende Übernahmegesetz ergänzt werden. Die Europäische Union hat bereits 1998 einen Aktionsplan zur weiteren Integration des Finanzplatzes Europa verabschiedet, dessen Umsetzung schon weit gediehen ist und in der näheren Zukunft eine Reihe weiterer Aktivitäten der Mitgliedsstaaten im Bereich des Kapitalmarkt- und Gesellschaftsrechts erforderlich machen wird. In diesem Zusammenhang ist auch zu erwähnen, daß die jahrzehntelag geführte Streit um eine europäische Rechtsform, die europäische Aktiengesellschaft, jetzt zu einem Ende gekommen ist: Anfang 2001 haben sich die Mitgliedstaaten endlich und doch überraschenderweise auf einen Kompromiß einigen können, der den Interessen der einzelnen Mitgliedstaaten gerecht wird.

Die Kapitalmärkte und das Kapitalmarktrecht sind schließlich auch die wesentlichen Katalysatoren der Entwicklung des Rechts der Handelsgesellschaften, der sich ein weiterer Vortrag widmete. Die in diesem nur agedeuteten Abstimmungsprobleme von Kapitalmarktrecht und dem Recht der Kapitalgesellschaften, namentlich dem Aktienrecht, sind seither in ungeahnter Weise angewachsen und zum Gegenstand zahlreicher Reformmaßnahmen geworden. Vor allem das Gesetz zur Kontrolle und Transparenz im Unternehmensbereich (KonTraG) von 1998, welches die seit Jahrzehnten umfassendste Reform des Aktienrechts brachte, reagiert auf neue Gegebenheiten am Kapitalmarkt. Die Synchronisation von Kapitalmarktrecht und Aktienrecht, die ich im Vortrag als Problem bereits angedeutet habe, halte ich für die größte Herausforderung im Hinblick auf die Modernisierung des deutschen Gesellschaftsrechts. Dessen aktuellste Fortbildung ist freilich ganz anderer Natur: In einer Entscheidung vom 21.1.2001 hat der Bundesgerichtshof die Gesellschaft bürgerlichen Rechts für rechtsfähig erklärt. Älter, aber nicht minder bedeutsam. 1997 befand das gleiche Gericht, daß persönlich haftender Gesellschafter einer Kommaditgesellschaft auf Aktien nicht notwendigerweise eine natürliche Person sein müsse, sondern auch eine Kapitalgesellschaft (insbesondere eine GmbH) sein dürfe; seitdem wächst die Bedeutung dieser Gesellschaftsform als kapitalmarktoffene Unternehmensform. Diese Entwicklungen bestätigen indes nur die Trends und Erwartungen, die ich 1995 in meinem Vortrag zur Entwicklung des Handelsgesellschaftsrechts geäußert habe.

Als ich 1995 in Chuo vortragen und unterrichten durfte, äußerten meine Gastgeber Interesse an einem weiteren Thema, über das ich zuvor nur am Rande geforscht hatte. Der Wunsch, etwas über. die Bewältigung der Rechtsprobleme der Wiedervereinigung Deutschlands (1990) zu erfahren, gab mir einen willkommenen Anlaß, mich in diese Fragestellung zu vertiefen. An Rechtsproblemen ist zu den agesprochenen Fragen nichts Wesentliches hinzugekommen. Zahlreiche Probleme haben sich erledigt. Geblieben sind Auseinandersetzungen über die Rechtmäßigkeit von Enteignungen in der ehemaligen DDR. Die diesen zugrunde liegenden Rechtsfragen sind noch Gegenstand der gerichtlichen Auseinadersetzung. Allerdings ist es nicht übertrieben zu sagen, daß sich das öffentliche Interesse in den letzten drei Jahren mehr auf die Bewältigung des Unrechts gegenüber Zwagsarbeitern im Dritten Reich als auf die Bewältigung von Unrecht unter dem DDR-Regime gerichtet hat.

Neben den Beiträgen, die ich für meine Vorträge an der Universität Chuo vorbereitet habe, enthält dieser Band auch Aufsätze über das neue deutsche Insiderrecht und über die Auswirkungen von vorkaufsrechten und Vinkulierungsklauseln auf den Paketerwerb von GmbH-Anteilen. Der letztere dieser Aufsätze reagiert auf Probleme der Praxis, die bislang kaum bewältigt sind, obwohl sie rechts oft auftreten und bietet konkrete Lösungsvorschläge an. Insiderrecht war bei seiner Einführung durch das Wertpapierhandelsgesetz (Mitte 1994) eine für Deutschland völlig neue Rechtsmaterie. Sie weist bis heute viele offene Fragen auf. Bemerkenswerterweise gehört das deutsche Insiderrecht weltweit zwar zu den jüngsten, aber auch zu den strengsten Regelungen dieser Art. Zugleich schafft es mit seiner Differenzierungen zwischen Primärinsidern und Sekundärinsidern zahlreiche Probleme. Der hier veröffentlichte Beitrag skizziert die bis heute unverändert gebliebene Neuregelung und benennt die wesentlichen Zweifelsfiagen bei der Anwendung des Insiderrechts.

Diese Bemerkungen mögen genügen, um die hier wiedergegebenen Beiträge in das Licht aktueller Entwicklungen zu rücken. Sie geben mir aber auch Gelegenheit, mich gut fünf Jahre nach meinem Aufenthalt an der Universität Chuo auch an dieser Stelle noch einmal für die Gastfreundschaft meiner Gastgeber zu bedanken. Mit Professor *Shuhei Maruyma* durfte ich zudem ein außergewöhnlich anregendes Seminar durchführen und Herrn Professor *Koresuke Yamauchi* verdanke ich das Erlebnis einer der herausfordernsten und lebhaftesten Vorlesungen, die ich je im Ausland halten durfte. Beiden Kollegen, denen ich mich freundschaftlich verbunden fühle, bin ich zu tiefem Dank verpflichtet. Herr Maruyama hat mir zudem die Gelegenheit vermittelt, auch an der Universität Aichigakuin in Nagoya einen der hier veröffentlichten Vorträge halten zu dürfen. Nicht zuletzt sei darauf hingewiesen, daß der 1995 mit der Universität Chuo vertiefte Kontakt seither zahlreiche Früchte getragen hat. Nicht zu den geringsten dieser Früchte zählt der Umstand, daß mir der Aufenthalt an der Universität Chuo ein großer Ansporn war, mich für die Pflege der Deutsch-Japanischen Freundschaft im Bereich der Rechtswissenschaf einzusetzen — eine Aufgabe, der ich auch weiter meine ganz Kraft zuwenden will.

Tübingen, im Mai 2001

Professor Dr. Heinz-Dieter Assmann

訳者はしがき

　本書には、ハインツ・ディーター・アスマン教授(テュービンゲン大学)が、1995年4月に、中央大学法学部・日本比較法研究所の客員教授として本学に滞在された折りになされた3回の講演および2編の論稿を翻訳し所収している。
　「ドイツ資本市場法の諸問題」と題した本書に所収されたのは以下のものである。まず、1995年4月18日に法学部特別講義として行われた講演「ドイツにおける資本市場法の発展」が山内教授によって翻訳されている。この講演では、資本市場法における資本市場の定義が明らかにされ、それぞれの市場においてどのような法規制が行われているか、どのような法的問題が生じているかが論じられている。次に、同年4月15日に日本比較法研究所講演会で行われた講演「ドイツにおける商事会社法の発展」が、小宮助教授(明治学院大学)と私の共訳により翻訳されている。この講演では、商事会社法の展開の現代的段階として、資本市場法への発展が述べられている。さらに資本市場法における重要な規制対象の一つであるインサイダー取引についての論文「新らしいドイツ内部者法」(ZGR 1994, 494–529) は、篠田教授(名城大学)および佐藤助教授(名城大学)によって翻訳されている。「有限会社の持分の包括承継への先買権および譲渡制限条項への影響」はアスマン教授がツェルナー教授の記念論文集 (FS für Wolfgang Zöllner zum 70. Geburtstag) のために寄稿されたものであり、藤嶋氏(本学大学院博士課程後期)の訳出になる最新の論文である。今一つ「ドイツ再統一の法的問題」は拙訳になるものである。同テーマでの講演は、1995年4月14日に行われた法学部講演会「国際社会における日本の役割」の一環としてアスマン教授が、本学の学生に対して行ったものである。この講演では、ドイ

ツ統一に関わる法的諸問題について重要な指摘がなされ、そのうちには旧東ドイツの企業の組織変更に関わる問題も取り扱われており、本書のテーマにも間接的な関連を有しているものとして、本書に収めることとした。

　なお、私の責任により今日に至るまで本書の刊行が遅れることとなり、アスマン教授には勿論、他の翻訳者の方々にも大変ご迷惑をお掛けしてしまった。この場を借りてお詫びする次第である。

　私はアスマン教授の今後の益々のご活躍を祈り、本書を捧げる次第である。

　2001年4月

丸　山　秀　平

ハインツー・ディーター・アスマン
（ドイツ・チュービンゲン大学法学部教授）

1951 年	ドイツ、ホイゼンスタム生
1969 年	フランクフルト、ヨハン−ヴォルフガング ゲーテ大学法学部入学
1974 年	第一次司法国家試験合格により大学課程終了
1977 年	第二次司法国家試験合格
同　年	フランクフルト、ヨハン−ヴォルフガング ゲーテ大学労働法経済法民法研究所研究員
1980 年	法学博士(主査: キューブラー教授)「ミックスドエコノミーの経済法」
同　年	米、ペンシルヴァニア大学金融制度研究所留学
1981 年	フランクフルト地方裁判所管轄区弁護士登録
1984 年	教授資格論文「アメリカ法およびドイツ法における資本市場に関連する情報交換義務違反責任としての目論見書責任」
1985 年	ハイデルベルク、ルプレヒト カールス大学教授
1986 年	チュービンゲン、エバーハルト カールス大学教授(現在に至る)
1987 年	米、ペンシルヴァニア大学ロースクール国際学部メンバー
1988 年	チュービンゲン、エバーハルト カールス大学法学研究科主任
1993 年	法律雑誌 „Die Aktiengesellschaft" 共同編集者
1994 年	日本、東京大学客員教授
1995 年	日本、中央大学、日本比較法研究所、客員教授
1997 年	米、シカゴ大学ロースクール客員教授

目　　次

Vorwort
訳者はしがき

ドイツにおける資本市場法の発展 ……………………………… 山内惟介 訳
I.　資本市場と資本市場法　1
II.　ドイツの資本市場及び資本市場法の発展　2
III.　総括的評価　15

ドイツにおける商事会社法の発展 ……………………………… 丸山秀平　訳
　　　　　　　　　　　　　　　　　　　　　　　　　　　　　　　小宮靖毅
I.　導入　19
II.　歴史的発展　20
III.　ドイツ連邦共和国における商事会社の発展の個別的観点と
　　決定要因(1949年以降)　22
IV.　個々の法形態の場合の新たな展開　27
V.　有限会社　29
VI.　株式会社　34
VII.　展望　40

新しいドイツ内部者法 ……………………………………………… 篠田四郎 訳
　　　　　　　　　　　　　　　　　　　　　　　　　　　　　　　佐藤文彦
I.　序説
II.　自発性を基礎とする自己規制から内部者法の法律による規制へ　42
III.　今後のドイツ内部者法の制度と諸要素　49
IV.　市場の監督と内部者行為の訴追　81
V.　内部者行為を妨げるための予防措置　83

有限会社の持ち分の包括承継への先買権及び
譲渡制限条項の影響 ………………………………………………… 藤嶋　肇 訳
I.　序　87
II.　具体的な問題提起　89

III. 先買権と包括的取得　92
  IV. 包括的売買への民法典508条の適用についての
      原則的及び個別的問題　105
  V. 譲渡制限と包括的取得　113
  VI. 定款形成への提言　120
  VII. まとめ　121

ドイツ再統一の法律問題 .... 丸山秀平 訳
  I. 序　123
  II. 再統一の経済的政治的そして法的問題——概観　124
  III. ドイツ分割と再統一の法的形成　126
  IV. 再統一の結果生じた個別的法律問題　129
  V. 要約　135

ドイツにおける資本市場法の発展

I. 資本市場と資本市場法

　市場経済という名で呼ばれている国民経済にあっては、乏しい資源の調達や配分が原則として市場に委ねられている。このことが複数の生産要素、たとえば労働のようなものについてもあてはまるという点はごく自明のところである。すなわち、労働力の配置を決定するのは労働市場ということになる。これに相当することは、企業により作られた生産物の配分についても述べることができる。生産物は商品市場で販売されている。市場経済にあっては資金の配分もまた市場に任されているが、このことも、なんら驚くにあたらない。

　資金についての市場はむろん統一されたものではなく、複数の市場に分割されている。資金利用の態様に応じて、いろいろな様態の信用市場(貸付金市場)と資本市場を区別することができよう。資本市場の特徴は、資本市場で取引される資本にはリスクがあるという点にある。出資者は企業に対して、ある一定の事業計画を実現するために企業が利用する資金を用立てている。これと引替えに、出資者は、当該企業による資金利用の成果に応じて報酬を得ることになる。このような投資にはリスクがあるため、出資者は一定の条件のもとでしか求められた資金を企業に用立てることはない。投資による収益の見込みは、投資と結び付けられたリスクがあっても、そうした投資が他の種類の投資よりも優先されるほどに高いものでなければならない。

　資本市場法の課題は、資本市場を実現するという点にある。また、資本市場は、リスクを伴う資本が十分に出資され、最も緊急性の高いところに流入するような形に整備されなければならない。この課題を満たすためには、伝統的に

まったく異なった法分野に属する複数の法的予防措置が必要となる。資本市場法は、このように公法上の規範、民事法上の規範、それに秩序違反法・刑法上の規範を束ねたものである。公法に含まれるのは、証券取引所や銀行に対して監督を行う諸規定である。民事法に属するのは、証券取引行為それ自体に関する法や出資者の契約締結前の説明義務である。そして最後に、インサイダー防止法違反行為や投資商品販売の際の詐欺的行動は刑法の規定による制裁の対象とされている。これらの規定は、資本市場がうまく機能するように集められ、作り上げられている。

そのことがドイツではどのようなやり方で行われているかという点が今回の講演のテーマである。このテーマがわれわれの関心をそそるのは、ドイツや日本のような工業国の発展可能性が、資本市場が機能しているか否かという点に大きく依存しているからである。外国，ここではドイツの資本市場法を眺めてみると、教えられるところが多いであろう。これに加えて、日本の企業がドイツの資本市場を利用し、ドイツ企業に投資しているという点もある。この点では、ドイツ資本市場法の知識の修得も有用なものと思われる。ドイツの資本市場法は近年改めて多くの大胆な変更を経験してきた。ただ、広範囲にわたるドイツ資本市場法の改革はわずか数カ月前のことであり、外国ではまだほとんど知られていない。そうした変更点に触れる前に、ドイツ資本市場法の発展に目を向けることが必要となろう。

II. ドイツの資本市場及び資本市場法の発展

1. 現　状：2部構成の資本市場

ドイツの資本市場、それゆえリスクを伴う資本の市場は、世界的に例をみない独特の2部構成によって特徴付けられている。

その1つは、いわゆる組織された資本市場である。これは、ドイツで知られている3つの証券取引市場に対応する。すなわち、公設市場（Amtlicher Markt）、規制市場（Geregelter Markt）、そしていわゆる自由取引市場（Freiverkehrmarkt)、これらがそうである。株式会社（Aktiengesellschaft）と株式合資会社（Kommanditgesellschaft auf Aktien）だけがこれらの市場を経由して資金を集めることができる。いいかえれば、組織された市場で取引される有価証券は、株式会社や株式合資会社への参加分を対象とするものだけである。この種の有価証券としては、株式のほか、オプションのようないわゆるデリヴァティヴ証券がある。これらの市場を組織された市場と呼ぶのは、この市場が制定法上の包括的な規定に服しているからである。

　組織された資本市場とは別に、未組織の資本市場がある。未組織の資本市場が「灰色の」資本市場と呼ばれるのは、それが灰色の煙幕のもとで発展してきたからである。この市場は、今日までのところ、まだ制定法によって規律されていない。むろん、そのことは、この市場について何の法的秩序もないということを意味しない。法的秩序はあるが、しかし、それは立法者に由来するものではなく、判例に由来する。多くの裁判が行われる中で、特に「灰色の」資本市場における投資販売法の形成に大きな功績があったのは、ドイツの最高裁判所たる連邦通常裁判所であった。特筆されるのは、公開合資会社や閉鎖投資基金への参加分のほか、（ドイツ商法典第230条の意味における）匿名参加分の形式を採った企業参加分についての裁判である。それによれば、圧倒的多数の投資は節税の可能性と結び付けられている。

　こうした2部構成の問題点は、それに伴って競争の歪みが生じることにある。すなわち、こちらでは包括的に規制された資本市場があるのに、あちらには判例によりごく一部の局面しか把握されていない資本市場があるというようにである。制定法上の諸規定を守ることは高くつくし、企業の金融コストを高くし、投資の利益率を減少させている。このほか、株式会社と株式合資会社だけしか組織された資本市場に接近できないのに、これらの法形式で組織されているドイツ企業が全体の1パーセントにさえ達していないということも問題になっている。

　ドイツにおける資本市場及び資本市場法の根源とその史的発展を簡単に回顧することは、こうした事態を理解する上で有用であろう。

2. 回　顧

　資本市場を法的に把握し、秩序付けることは、ヨーロッパ全体でみると19世紀半ばにおける株式会社の発生と深く結び付いている。株式会社は工業化の過程をさらに進めるのに必要な資本を集めるものである。そのことは株式の発行を通じて行われてきた。その手助けをしたのが銀行であり、銀行の参加は株式を証券取引市場に持ち込む場合にも必要であった。株式会社の設立に関する厳格な規定、証券取引秩序及び銀行監督を通じて多くのうわべだけの設立や証券取引に絡むスキャンダルを阻止することができると立法者はこれまで信じ込んできた。このようにして成立した資本市場法は、株式法・銀行法・証券取引法の3つを結合させたものであった。その展開が頂点に達したのが、1896年の証券取引所法 (Börsengesetz) 公布のときであった。

　ヨーロッパの他の諸国の資本市場法は、すでに19世紀のうちに、株式会社以外の会社形態についても規制の対象とする方向に動き始めた。これに対して、ドイツの資本市場法は20世紀の60年代に入るまで株式会社や株式取引市場に限定されていた。株式会社以外の会社形式は資本市場への接近を妨げられていた。しかし、株式会社として組織される企業はますます少なくなっており、ごくわずかの株式会社しか証券取引市場では公開されていない。それゆえ、資本市場も未発達の状況にある。

　60年代の末になって初めて、この結果がどうなるかが明らかになった。ドイツ企業の自己資本が少なかったことから、破産の波が押し寄せた。それと同時に、ドイツにもやはり投資先を探している多くの資本があることもはっきりしてきた。当時優先されていた投資基金はあまり収益の上がるものではなかった。また、貯蓄を行っていた者もその所得につき高い税金を支払っていた。この点を利用して、企業は投資者に対し新しい形式の投資の機会を提供した。その当時、ベルニィ・コルンフェルト (Bernie Cornfeld) はIOS社 (Investment Overseas Services) への投資持分の販売により大きな成果を収めた。合資会社への出資形式で行われていた税制上有利な投資資金も、大好評を博した。販売に際して制定法上の条件がなかったため、その販売は簡単であった。「灰色の」資本

市場はこのようにして生まれ、そしてますます広がってきたのである。

その後、60年代の末に最初のセンセーショナルな企業倒産が生じた。多くの投資者が大損害を被り、何10億ドイツマルクもの資本が無に帰してしまった。「灰色の」資本市場で企業に投資された資本は、多くの人々から「ドブに捨てた死に金」と呼ばれている。しかし、こうしたスキャンダルがあるにも拘わらず、灰色の資本市場はますます拡大してきた。これに対して、株式市場はますます小さくなっている。IOS事件を契機として、立法者は、外国投資持分の販売に関する法律を可決した。けれども、現に計画中の「資産投資法（Vermögensanlage-Gesetz）」という形式で制定法により包括的に規律する試みは挫折している。必要とされる投資者保護は、判例により、裁判官による法の継続形成というやり方で行われている。判例によれば、「灰色の」資本市場の出資者は包括的な説明義務のもとに置かれている。裁判所は正当性及び完全性という視点から会社の宣伝材料を規制し、この目的のために法制度として民法上の目論見書責任（Prospekthaftung）を作り出してきた。それと同時に、判例は、一般大衆が参加する公開合資会社について特別の会社法を作り出してきた。このようにして判例法により成立したのが「灰色の」資本市場における投資者保護システムである。このシステムの方が株式市場でのシステムよりもずっと優れたものになっている。

3. 組織的資本市場法の近代化
a. 近代化の触媒

上述のような展開を辿った結果、「灰色の」資本市場と組織された資本市場との間で激しい競争が行われた。けれども、組織された資本市場が新しい秩序のもとに引き込まれたというわけではない。ヨーロッパ共同体が加盟国国内法の調和を行う中で各国の資本市場法をも調整し始めたときにようやく、組織された資本市場の改革が始まることになった。当時、ヨーロッパ共同体は、有価証券、すなわち株式及び株式派生商品の市場に対して全力を集中していた。現在では、ドイツも、自国資本市場法の中の、組織された資本市場に関する部分を

近代化せざるを得ないように追い込まれている。

　もちろん、ヨーロッパ共同体以外にも、ドイツ資本市場法を近代化させた第2の触媒が明らかになっている。それは、金融市場としてのドイツに対する評判への配慮である。統一されたヨーロッパ市場の創設と資本市場の一層の国際化とを求めてさまざまな努力がなされた結果、ヨーロッパの各金融市場の間で、域内市場での覇権をかけた競争が改めて行われるようになった。その際、必然的に、ドイツに対して、ドイツ金融市場では十分な規制が行われていないという非難が向けられることとなった。それゆえ、組織された資本市場法についてのさまざまな改革も、たんに、ドイツが一流のヨーロッパ金融市場であるという良い評判を維持しようとする努力の結果にほかならないのである。

b.　市場を構成する新しい要素と開示業務

　もちろん、改革のための最初の措置は、たんにヨーロッパ共同体加盟諸国の証券取引法統一に関する3つの指針を国内法へ置き換える必要性から行われたにすぎない。この改革措置によって一連の重要な変更がもたらされた。しかし、これらの変更は証券取引を行う組織に関するだけでなく、証券取引所に上場している株式会社にも関わるものであった。

　(a)　いうまでもなく最も重要な改革は、市場を構成する新しい要素を証券取引所に導入することにあった。それ以前には、わずか1つの証券取引市場しかなかった。いわゆる公設市場がそうである。この市場に参加する条件は、実際、大企業によってしか利用されなかったほど高くつくものであり、また金のかかるものであった。このため、第2の証券取引市場としていわゆる規制市場が設けられた。この市場には当局による値入れはなく、またこの市場に参加する条件も公設市場に対するものと比べれば、それほど厳格なものではない。

　(b)　改革の第2の柱として、これら2つの市場のほかに、証券取引とは関わりのない第3の有価証券市場創設のために制定法上の基盤が作られた。これがいわゆる規制された自由取引市場である。確かにそれまでにも証券取引

所外で自由取引が行われていたが、そこで取引された有価証券について価格を確定し、公表することは認められていなかった。同じ証券取引所の屋根の下で行われていても、この自由取引は証券取引市場の補充とみなされていた。それは、この種の自由取引があたかも証券取引市場への入口段階で利用されるものと考えられていたからである。このような市場の格付けによって、新しい企業に対しても、組織された資本市場に参加し易くなるような道が開かれることになった。

　(c)　改革の第3点として、証券取引所での取引に有価証券を導入する場合、日常の開示義務を補充するものとして発行者の情報公開義務が付加されている。たとえば、年度ごとの貸借対照表に加えて、半年ごとに中間報告書を出すことが必要となった。また、発行者は相場を決める上で重要な事実を遅滞なく公表しなければならない。

　c.　正常に機能する先物市場の創設

　組織された資本市場改革のための第2の歩みは1989年に行われたが、そのきっかけを作ったのはヨーロッパ共同体ではなかった。ドイツはこの時点まで正常に機能する先物市場を持っていなかった。ドイツ金融市場の競争能力を高めるべく、この欠点が取り除かれた。そのために2つの措置が必要となった。まず、民法典及び証券取引法上の規定のうち、このときまで私人との間で有効に先物取引を締結することを妨げていたものを変更する必要があった。他方で、先物市場が創設されなければならなかった。

　私人が先物取引を行う能力に関する新しい規定については、今日まで論議がある。その出発点にあるのは、依然として、商人ならともかく、私人には先物取引能力がないというものである。この考えによれば、私人との間で締結された先物取引または私人間で締結された先物取引から生じる債権については、訴えることができない。けれども、私人は、先物取引能力を有する契約の相手方から先物取引のリスクに関する情報を得ることで先物取引能力を取得することができよう。これが説明に基づく先物取引能力である。実務上、リスクについ

ての説明は、一方的に作成される書式によって行われている。制定法上の規定及び実務に対する批判の根拠は、その説明がリスク情報のうち純粋に形式的な行為に限定されているという点にある。実際にも、この新しい規定では、投資者が具体的な取引のリスクを認識し、差し迫った損害を自己の資産状況に基づいて処理することができるという点については、何の保証も与えられていない。

それにも拘わらず、先物取引市場としてドイツ先物取引所(Deutsche Terminbörse)が突如として設けられ、さらに拡大されてきた。ドイツ先物取引所は開設後すでに5年を経ているが、取引高ではヨーロッパ最大の先物取引所となっている。この取引所は純粋にコンピュータのみによる取引所であって、そこには今日およそ1,000の業者が接続されている。ドイツ先物取引所の経営主体は株式会社ドイツ証券取引所(Deutsche Börse AG)である。同社はフランクフルト有価証券取引所の経営主体でもあるため、先物市場と直物市場とが組織上1つの屋根のもとに一体化されている。

d. 証券取引認可の開示から発行の開示へ

ドイツ資本市場法を改革する第3の措置は、1990年の「有価証券販売目論見書...に関する法律」を通して行われた発行の開示の導入である。これについてシャッターの役割を果たしたのはここでもヨーロッパ共同体の指針であった。そこでは、ドイツの立法者が当該指針に相当する内容の法律を自力で持ち込むことができるかどうかという点が問題となった。

この法律が公布されるまで、有価証券の発行者は、有価証券の販売に関して証券取引認可目論見書の公表以外の開示義務に服してはいなかった。この規定の立法理由を探ってみると次のようになろう。すなわち、前世期末に証券取引所法が公布された当時、証券取引認可目論見書に基づいて判断した結果、証券取引所での取引が認められないような株式を一般大衆が取得することはないというのが立法者の前提であった。けれども、こうした見解が適切なものではないことがその後明らかになってきた。というのは、発行されるどの株式も、証券取引認可目論見書の公表までに、しばしば長い間公衆の目に触れるように

なっていたからである。1990年まで、ドイツでは有価証券について公開による申込と販売を行うことができたが、法律上それ以前に規定されていた情報の公表はまったく行われていなかったのである。

　有価証券販売目論見書に関する法律によって、この法状態が変更されることとなった。ドイツで初めて公開申込が行われる有価証券について、提供者は、有価証券販売目論見書を公表しなければならないことになった。目論見書の内容及び公表の様態は、この法律に規定されている。所定の発行様態、所定の発行者及び所定の有価証券について多くの例外があるが、その中で例外を1つだけ挙げれば、当該有価証券の申込が限られた人的範囲内でしか行われていない場合には、目論見書公表義務が脱落するという点がある。さらに、問題となっている有価証券について証券取引認可が申請されているときは、有価証券販売目論見書が同時に証券取引認可目論見書についての基礎となるという点も考慮されている。有価証券販売目論見書に関する法律の適用上生じる多くの問題は、まだ解明されていない。

　e.　ドイツの「ビッグ・バン」：第2次金融市場促進法

　確かに、これまで述べてきたさまざまな措置によって、組織された資本市場の顔は短期間のうちに大きく変わってきた。それでも、ドイツの資本市場にとっては、固有の「ビッグ・バン」が今ようやく目前に差し迫ってきたという段階である。「ビッグ・バン」は1994年末に「有価証券取引に関するかつ証券取引所法・有価証券法上の規定を変更するための法律（第2次金融市場促進）」という形をとって現れた。ここでも、この法律の多くの部分では、ヨーロッパ共同体の複数の指針が置き換えられている。しかし、この法律の場合でも、これまでにスタートしたさまざまな改革は、ヨーロッパ共同体が加盟諸国に対して求めている範囲を越えて行われている。

　(1)　概　説

　この改革法を契機として行われたドイツ資本市場法の変更は極めて大規模なものであり、この点について詳しく取り扱おうとすれば、その中のごく一部に

限定せざるを得ないであろう。それゆえ、ここでは、まず最小限、この改革プログラムにおける資本市場法上最も重要な部分の概観に限定することとしたい。初めに挙げられるのは、「有価証券取引についての連邦監督庁」設置に関する諸規定である。ドイツはこれをもって初めて資本市場監督のための固有の官庁を持つこととなった。この措置により必然的に、証券取引所の組織・監督に関する新たな秩序が形成されることとなった。またドイツがインサイダー取引に関する明文規定を持つようになったのも初めてのことである。この規定はインサイダー取引の禁止といろいろな公開義務・届出義務から構成されている。証券取引所上場会社についての議決権持分の変更を通知し、公表する義務も新設された。またこの法律には、有価証券取引の開始及び終了に関して、銀行及び有価証券会社の行動義務及び組織義務を列挙したカタログも載せられている。投資会社には、金融市場取引、そして有価証券の貸与が認められている。株式の最低額面価額は50ドイツマルクから5ドイツマルクに引き下げられた。その結果、株式の流通が容易になり、広範囲を占める一般大衆にとって多様な方法で株式を取得することができるようになった。

(2) 連邦監督庁と新しい証券取引組織

ここに述べられた多くの措置の中で特に注目されるのは、資本市場・証券取引所に関する監督についての新しい秩序である。繰り返しになるが、連邦監督庁が設けられるまで、ドイツには中央から統制された資本市場監督という制度はなかった。従来行われていたのは、証券取引所に対する監督だけであった。証券取引所に対する監督は一部は主権により、また一部は所定の証券取引所機関により自主管理の形式で行われた。主権による証券取引所監督は各国の責務であったし、今もそうである。これに対して、連邦監督庁は連邦の官庁であり、連邦国家としての課題を負っている。こうしたやり方により連邦の権限とラントのそれとの間にさまざまな交錯が生じたことから、資本市場・証券取引所の監督について新しい秩序を設けることが不可避のこととなった。この新しい秩序はきわめて複雑なものになっている。次の3つのレヴェルで、5種類の機関が活動している。

（a）　最高のレヴェルに位置付けられているのは**連邦監督庁**（Bundesaufsichtsamt）である。この官庁には、主に次の3つの分野の課題が割り当てられている。第1は、インサイダー取引の禁止及びこれと関連する開示条件についての監督である。第2は、証券取引所上場会社の議決権持分変更の際の通知義務・公表義務の遵守に対する統制である。そして第3は、有価証券取引に関する行動義務の遵守についての監督である。

（b）　真ん中のレヴェルにあるのは、**ラント証券取引所監督庁**（Börsenaufsichtsbehörden）である。この機関は証券取引所・仲立人に対する監督の権限を有する。これまでのところ、ラントはいわゆる権限についての監督しか行っていなかった。その意味は、ラント証券取引所監督庁の統制が証券取引所の自主管理機関が負っている課題に向けられるという点にあった。これに対して、改革後はすべての市場参加者の行動の適法性について、しかもすべての参加者を統制するという意味で包括的な市場監督権限がラントの官庁に帰属することになった。インサイダー取引統制の場合、ラントの証券取引所監督庁は連邦監督庁の委任を受けて行動するのである(いわゆる機関貸出)。

これら2つのレヴェルの監督機関を挟むクリップとして機能するのが**有価証券委員会**（Wertpapierrat）である。これまで知られていなかったこの委員会は連邦監督庁のもとに置かれている。その構成員はラントの代表者である。有価証券委員会は協力して監督を行い、連邦監督庁に助言を行う。

（c）　一番下のレヴェルで監督するのは**取引監視部**（Handelsüberwachungsstellen）である。これは各証券取引所に設けられている。取引監視部は、証券取引所での取引行為及び取引の清算につき直接的な統制を行うことを責務とする。これは独立した機関であり、証券取引所の事業執行機関の下位に置かれるものではない。この改革の後も証券取引所がなお自主管理という責務を負う場合、直接にではなく、新たに組織される**証券取引委員会**（Börsenrat）がその責務を負うことになる。

このやり方は、証券取引所・資本市場に対する監督のシステムとしては確かに複雑で、それほど簡単に理解できるものではない。しかも、このシステムが

有効なものであり、実効的に機能しているかどうかという点については、疑問がある。それでも、これよりも優れた内容の、すなわちこれほど複雑ではなく、これほど強く中央から統制されていないシステムは他ではまだ行われていない。また、証券取引所に対する監督権限を有するラントも、証券取引所・資本市場の監督を中央集権化するようなその後の試みに抵抗している。

(3) インサイダー取引の禁止

ここからは、新しいインサイダー取引防止法について若干の具体的な指摘を行うこととしよう。ドイツでは、長い間、インサイダー取引を明文規定で禁止することに対して抵抗があった。自主規制が制定法による規律よりも優先されるべきだといわれていたのである。それに対して、反対説はいつも現行の自主規制に実効性がないという点に言及していた。金融市場としてのドイツがインサイダー防止法を欠くため国際的な批判を受けてからようやく、この雰囲気にも大きな変化がみられた。今では、金融機関もはっきりと制定法による規定を求めている。そうした規定の導入にあたって立法者を拘束していたのが、ヨーロッパ共同体のインサイダー指針を通じて描かれた枠組みであった。

それでも、ドイツ法はこの指針で要請されていた以上に厳格なものになっている。第1次インサイダーには、インサイダー情報の利用及び提供ならびにそのような知識に依拠して第三者に対し推奨することが禁じられている。これに対して、第2次インサイダーに禁止されているのは、インサイダー情報の利用だけである。このインサイダーという概念はきわめて広い。これについては、次のようにいうことができる。すなわち、インサイダー情報であるという事実(Insidertatsache)を知っている者は誰もがインサイダーであり、従ってインサイダー取引の禁止に服する。インサイダーがどこかの企業に対してこの法律中に詳しく書き換えられているその地位に基づいてまたはその職務に基づいて情報を手に入れていた場合、この者は第1次インサイダーであり、提供・推奨の禁止にも服することになる。この「インサイダー情報であるという事実」の概念もきわめて広い。この概念には相場に関して重要な個々の事実が含まれている。インサイダー取引の禁止に違反した者は最高5年の自由刑または罰金刑が

科されることを計算に入れなければならない。インサイダーが得た利益は国家の所有となる。個別的には、新しいインサイダー防止法の適用上、多くの問題が提起されている。

(4) 銀行・有価証券会社の有価証券取引に関する行動義務と組織義務

そして最後に、銀行及び有価証券会社が顧客との交渉に関して服することになる制定法上の条件も特に強調されるべきであろう。この新しい規定の内容として知られているのは、次の3つのグループの義務である。

(a) 第1のグループに含まれるのは、一般的な行動規則である。ここに入るのは、顧客の利益保護をいつも中心に置き、顧客に適したものを推奨する義務である。このため、必然的に、顧客に対してその資産状態及び投資目標について質問が行われることになる。

(b) 第2グループには、有価証券取引との関連で再三現れるある種の操作を禁止することが含まれている。ここにいう操作とは、銀行や商人に対して利　益をもたらすことのみを目標としたものである。いわゆる「ペースメーカー（frontrunning）」もここに含まれる。これに当たるのは、業者が顧客に委任されたことを実施する前に購入対象となる有価証券を自分で取得し、委任された内容を実施した後、顧客の増加により利益を上げているという場合である。

(c) 第3のグループには、有価証券取引行為を行っている企業の組織上の義務が含まれている。そこに入るのは、顧客からの委任を合法的に実施するため、また利益衝突を回避するため、組織的な予防措置を講じる義務である。

(5) 上場会社に対する議決権持分変更の際の情報提供義務

説明のための言葉が最後に向けられるのは情報提供義務についてである。情報提供義務は、重要な参加分の取得や譲渡によって生じることになる。改革後、証券取引所上場会社に対する一定の持分を取得し、譲渡しまたはその他のやり方で一定の比率を達成したり、下回ったり、または上回ったりする者は、そのことを当該会社及び連邦監督庁に遅滞なく届け出なければならないことになった。届出義務を生ぜしめる限界値は議決権持ち分の5％、10％、25％、50％及

び75%である。議決権持分の算定にあたっては、問題となった企業についての第三者が有する持分も一緒に考えられている。

この規定の意味は、資本市場を透明にし、それとともに資本市場を正常に機能させようとすることにある。株主の構成は、多くの投資者、特に内外諸国のいわゆる機関投資家にとって大きな意義がある。

 f. その他の改革措置

これまでに取り上げられたのは、わずかにドイツで組織された資本市場法近代化の里程標だけでしかない。多くの小規模な資本市場法改革もまたこのために用いられてきたものである。ここでは最も重要なことに限って、簡単に述べることとしよう。1990年以降、国際的に「債券(bonds)」と呼ばれる無記名債務証書及び指図式債務証書（Inhaber- und Orderschuldverschreibungen）の発行にはもはや国家の認可が不要になった。ドイツでは証券取引所売上税の廃止が1992年1月1日に発効した。資本取引に対するさまざまな制限は、ヨーロッパ共同体加盟諸国に対する関係においてのみならず、他のすべての国に対する関係でも破棄されている。また、この点で新しい障害を設けることも禁止されている。

その他の措置も、組織されたドイツ資本市場を活性化するのに用いられてきた。これについても若干の見出し語を上げるにとどめよう。80年代末まで、保険会社には特定の有価証券を取得することが禁じられていた。しかし、これまでの間に、保険会社が投資できる範囲は著しく拡大されている。このことは、機関投資家としての保険会社の重要性がますます大きくなっていることを考慮したものである。いわゆる小規模株式会社の導入にも触れる必要があろう。けれども、そこに新しい法形式が導入されたわけではない。むしろ、この改革措置の重要性は、証券取引所に上場されておらず少数の株主しかいない株式会社を、証券取引所上場の公開会社に対するほど厳格ではない諸規定に服せしめるということにあった。その結果、株式会社として組織される企業が増え、株式会社という法形式を選ぶことが証券取引所に算入する過程にとって第1の条件

となった。

III. 総括的評価

　ドイツ資本市場法の発展に関する以上の説明の中心に置かれたのは、組織された資本市場法を近代化するための諸措置であった。もっと体系的に述べようとすれば、どうしてもドイツの資本市場・資本市場法が有するその他の多くの特性を取り扱わなければならなかったことであろう。しかし、そのような叙述を放棄したのは、そうした叙述をすることで、この講演に余計な内容が盛り込まれ、多くの細目に触れなければならなくなるからである。本講演の結びとなるこの場では、近代化のための諸措置に対する総括的な評価に触れることとしたい。

　ここに述べられたさまざまな近代化措置は確かに大いに有用なものであり、その結果、ドイツの資本市場も資本市場法も、良く整備された資本市場に求められる国際的条件を満たすことができるようになっている。けれども、このような結果だけで満足することはできない。以下では、解決を要する諸問題を最後に簡潔に素描することとしよう。

　(a)　最初に言及されるのは、ドイツ資本市場法の近代化がヨーロッパ域内市場創設のためのヨーロッパ共同体の諸措置を通じてきわめて強い影響を受けているという点である。このことから、ドイツ資本市場法を貫いているのはこれまで知られていなかった複数の規律要素だということが明らかになる。ドイツ資本市場法はこうしたやり方でいわば野放しのまま発展してきたのであって、計画的に発展したものではない。そのことを示しているのが、特に会社法と資本市場法が連続性をもって同調しているわけではないという点である。

　(b)　もう1つ別の問題もこのことと関連している。すなわち、資本市場法及びこれに隣接する会社法の立法的解決の度合いが大きいことから、強行法がずいぶん増えることになった。けれども、法が量的に増えても必ずしも法

の内容が良いということにはならない。このことはドイツ資本市場法について簡単に証明することができる。資本市場を利用する企業及びその他の市場参加者はますます多くの行動義務のもとに置かれるようになっている。そうした義務を果たすには費用も時間もかかる。複数の行動義務の間に同調がみられなければ、法制度も資本市場も非効率なものになる。ひとつの例を挙げれば、開示義務や届出義務がドイツでは不健全なやり方で増殖し、多くの企業を威嚇して資本市場に算入する過程から追い払ってしまっている点がある。

　(c)　このことから、第3の問題がもたらされている。すなわち、資本市場は組織的にまだ未発達の段階にあり、組織された資本市場と「灰色の」資本市場とが分かち難く共存しているという点である。組織されたドイツ資本市場を経由して行われる資本調達は、依然として、ドイツ経済の重要性に対しても、また投資可能性を有する貯蓄の総額に対しても、何の関係も持っていない。特に目に付くのは、小規模投資者が資本市場から遠ざけられ、資本市場が大企業、銀行及び機関投資家によって支配されているという点である。しかも、これを変えようとする試みにはあまり熱意が感じられない。そうした試みは特に組織された資本市場と「灰色の」資本市場との共存という問題に対しても向けられなければならないであろう。

　(d)　判例は確かに「灰色の」資本市場を秩序付けるべく多くのことを行ってきたが、そこには限界があった。このようにして毎年何10億ドイツマルクという金額が国家の監督や制定法による規制に服さないままに、誰でも投資の提供者及び購入者として登場できる市場に流出してしまっている。「灰色の」資本市場に対する規律の網の目が薄いということによって、この市場には、組織された資本市場と比べて競争上著しい優位が与えられている。確かに、投資者が規制を受けていない市場から遠ざけられているとも考えられるけれども、そうではない。高利の約束と節税の期待の方が根拠のある疑いよりもずっと強いものであるように思われる。もちろん、その結果として、投資者が損害を被る事例が増えてきた。1992年には、投資に絡む詐欺事件が2,000件を超えたことが報告されている。調査の結果、わずか1件だけで被

害者が9万7,000人もいたり、またもう1つ別の事件では少なくとも4万2,000人の被害者がいたりしたことが報じられている。このようにみてくると、毎年何10億ドイツマルクという規模の金額が詐欺を働く企業に用立てられるといった贅沢をわれわれがこの先どのくらい長い間甘受することができるのかということが問題となろう。

以上のところから考えると、結局、この数年の間に多くのことが成し遂げられたが、それでも、緊急になすべき仕事がまだ沢山残されているということになるのである。

ドイツにおける商事会社法の発展

I. 導　入

　講演の内容でないことについて話をすることから講演を始めることはドイツの佳き学問的伝統とするところである。そのことで幅広い知識を示し講演の半分もの時間をとることにもなる。私はもちろんこの伝統にしたがうが、それは全く別の理由に拠る。

　本日私がドイツにおける商事会社 (Handelsgesellschaft) 法の発展について報告することになる場合、とりわけ2つのことに注目しなければならない。一方において、われわれは200年以上にわたる法発展にかかわらざるを得ない。他方において、ドイツ法は商事会社の幅広いスペクトルを認めている。すなわち、人的会社のグループでは合名会社 (OHG) および合資会社 (KG) である。それ以外の商事会社は社団の範囲に含まれる。挙げられるのは、株式会社 (AG)、株式合資会社 (KGaA)、有限会社 (GmbH) そして登記済み協同組合 (eG) である。これに加えてこれらの会社の混合から生ずる、たとえば有限合資会社 (GmbH & Co. KG) のような会社形態がある。

　7つの様々な会社形態の発展は45分間に限られた講演のなかでテーマの限定なくしてはうまく納めることができないことはすぐにわかることと思う。私の最初の限定は歴史的発展に関することである。すなわち、私は商事会社の法の歴史的淵源を、それが法発展のそして今日の法の理解にとって必要な範囲に限って扱うことにする。更に私は、ドイツ連邦共和国が成立した1949年以降の法発展に集中する。私の第2の限定は取り扱う法形態に関することである。私は4つの最も重要なものだけを手元におくことにする。すなわち、合名会社、

合資会社、有限会社そして株式会社である。

　このことが意味することは、私がまずもって登記済み協同組合を考慮の外におくことである。このことは正しい、というのはこの法形態によって固有の企業目的は追求されず、そこで合同している独立の各企業の生計あるいは経済の要求（Förderung des Erwerbs oder der Wirtschafts）に資するにしか過ぎないからである。株式合資会社も考慮しない。なるほど株式合資会社として組織された大規模企業もないわけではないが、この法形態をとる会社は30を超えずあまり普及していない。

II.　歴史的発展

　今回の講演でその発展が論じられる商事会社のすべては、19世紀のドイツにその源を発する法典化（Kodifikationen）に基づいている。

1.　合名会社および合資会社

　合名会社および合資会社という会社形態は、それらが19世紀半ばに一般的なドイツの商法典（allgemeines deutsches Handelsgesetzbuch）を生みだそうという努力の一部とされる以前から、17世紀および18世紀の都市法（Stadtrecht）のなかで既に形成され、確固たるものとされていた。その法律上の故郷は、今日に至るまで、1900年1月1日に民法典とともに発効した、1897年商法典（Handelsgesetzbuch）とされる。それ以来、立法者より以上に合名会社および合資会社の法の近代化に寄与してきたのは判例である。

2.　株式会社

　現代的特性を有する株式会社の歴史はより短期でありまたより激しいものである。たしかにその淵源もまた18世紀に入ってからであるが、株式会社は19世紀半ばのヨーロッパにおける鉄道建設や産業化の始まりによって全く新たな意義を獲得することになった。株式会社は資本収集の貯水槽として経済の発展

の担い手となった。1861年の普通ドイツ商法典（Allgemenes Deutsches Handelsgesetzbuch）という最初の法典化は未だこの意味内容に応ずるものではなかった。なぜならば、株式会社の設立は常に国家による認許（Konzessionierung）を前提としていたからである。それ故19世紀のあらゆる株式法の更なる改正は認可主義（Konzessionsystem）からの段階的な放棄によって刻印付けられている。認可主義に替わるのが自由設立主義（Gründungsfreineit）およびいかさまな設立からの株主および会社債権者保護のための措置を遵守することを強制することであった。

株式会社はその初めに商法典の中で法典化されていたので、株式の法を立法的に常に完全なものとすることは株式の法を商法典の中から取り出すことを余儀なくさせた。1937年以来、株式会社は一個の固有の法典、すなわち株式法（Aktiengesetz）の中で規律されている。株式法は最近では1965年に包括的な改正を受け、コンツェルン法の部分が付け加えられた。さらにまたその後約24回にわたる法律の改正および数え切れない裁判例が株式法の容貌を大いに変化させてきている。

3. 有限会社

われわれの眼差しを有限会社の法の発展に向けるならば、それはわれわれにとってドイツの発明精神の産物として、誰も他の輸出実績を示すことができなかったような、姿を表わしている。この発明は約100年以上も前に行われた。認可主義の束縛から解放されたものの、厳格な株式法に悩まされつつ19世紀の80年間株式会社は、大規模企業の法形態として発展してきた。しかし中小規模の企業も、株式会社の設立および経営に結び付けられた莫大な費用を生ずることなく、自分達のために有限責任の特典を差し出すこととなる法形態への需要を申し出ていた。その願いは1892年有限会社法で、組織的に成長してきたものでもなく世界の何処でも先例を見ない法形態が導入されたことによって充たされた。1980年までは法律の内容は変わることのないまま留まることができた。なぜなら、判例が必要とされる現代的情勢への順応を配慮していたからで

ある。さらにまた1980年の有限会社法改正も、それを越えて更に一部裁判官法を成文立法に変えるというにまで至らないような小規模なものであった。

III. ドイツ連邦共和国における商事会社の法の発展の個別的観点と決定要因(1949年以降)

商事会社の法の発展を一瞥すれば連続的なものに見えるかもしれないが、それは政治的かつ経済的変化ならびに国家形態および経済形態の変遷に強く結び付いていたものといえる。以下われわれが1949年以降のドイツ連邦共和国における商事会社の法の発展に力を集中する場合、われわれは数々の影響要因と発展の方向性に立ち向かうことになる。それゆえ私は事柄を年代順に述べることによってではなく、幾つかの重要な観点と決定要因を取り上げることによって複雑なテーマに応じることを試みたい。

1. ドイツ商事会社の再建および資本市場離れの問題

第二次世界大戦以後のドイツにおける商事会社の発展はまず以て経済再建の問題によって刻印付けられる。企業の担い手の90%は個人商人である。会社が企業の担い手である場合に圧倒的なのは人的会社である。それにも拘らず大規模企業は株式会社として組織付けられ、自由に処分できる資本の大部分を自分自身のものとしている。今日は商事会社の約70%が有限会社として組織付けられているが、その当時は約18%にすぎなかった。

商事会社のなかでは、株式会社と株式合資会社だけが組織付けられた資本市場へ接近することができた。このことは今日に至るまで変わっていない。それにも拘らず様々な証券市場を有する組織付けられた資本市場とともにいわゆる「灰色な資本市場(grauer Kapitalmarkt)」も発達していた。そこではあらゆる種類の持分が販売されていた。組織付けられた資本市場は株式会社によってあまり利用されてはいなかった。税法と株式法は株式会社の自己金融および他人金融の後押しをしていた。株式は費用のかかる金融手段であった。これに、ド

イツ人はより確実な投資対象を好むという事情も付け加えられた。このことは再び、資本の集積地、企業金融者そして機関投資家としての銀行および保険会社の役割が今日に至るまで変わらずに増大するという結果に立ち至った。

　このような展開の結果として示されたのは、ドイツの企業はほんの僅かの自己資本しか有していないということであった。このことは、50年代末頃企業の成長のために資本を保持することがますます困難になってきたときに、一度臨界点に達した。立法者は、株式金融の税法上の優遇措置を通じて、そしてとりわけ株式法を株主のためになるように形成するという目的を求めた1965年の株式法の大改正によって対処した。それにも拘らずこの措置は株式の人気を高めることができなかった。それどころか株式会社の数は有限会社の数が増えてきたために絶えず減り始めた。それにも拘らず有限会社は資本市場への道が閉ざされたままであった。このような発展の問題性は、70年代末頃ドイツ経済が破産の波に蹂躙されたときにはじめて明らかになった。多くの意見が見取っていたのは、企業にとって恐慌の時代を乗り切ることが許されなかった原因がとりわけ企業の自己資本配備のなさにあったということである。

　ドイツ商事会社の自己資本基盤の改善のための考慮は根本的なディレンマに相対している。組織付けられた資本市場へ接近できるのは株式会社と株式合資会社だけである、しかし商事会社の全体数に対するこれらの法形態の割合は絶えず後退している、一方有限会社のそれは高まっている。証券取引への途を開かれたそれ以外の法形態を望めないなら、後に残されている可能性は株式会社を魅力あるものとすることだけである。有限会社に人気があることの理由が株式法の厳格性にあるとすることはもっともなことである。この厳格性は上場されている公開会社にとってはたしかに株主及び債権者の保護を保証するためには望ましいことである。しかし、上場されているのは株式会社の僅か20％だけである。それゆえもっとも最近に成立した改正の試みは僅かな株主数しかない株式会社のための株式法の規制緩和を意図したものである（訳者注：1994年株式法改正法、BGBL. I 1944, 1961 ff.）。資本会社の法の発展にとって、もはや株式会社と有限会社との間ではなく、上場会社と非上場会社との間にはじめて

資本会社法における分離線が引かれるという点で意義あることである。それを越えてさらにドイツにおいて資本市場法と資本会社法はますます単一とみられるようになってきている。

2. 会社法から企業法および経済法へ

　最近40年間における商事会社の法の発展は、古典的特性を有する会社法のうえに経済立法がますます重ね合わさってきたということでさらに特徴付けられている。商事会社の法の中心にあるのはもはや人的集団や私的組織法だけではなく、社会的経済的環境に対し多重的関係をもった企業なのである。商事会社の法は法典化された会社法の中に尽きるものではなく、数多くの「外部的 (externer)」規範によって補充されているのである。このような発展は、株式法が最も強くそれに当てはまっていたとしても、すべての商事会社を捉えていたのであった。

　述べられる変化の過程の特徴的なメルクマールの一つは任意的な会社法が強行法によって押し返されているというところにある。このことは例えば人的商事会社の法において、裁判官法上 (richterrechtlich) 発展してきたコントロール規準による会社契約および多数決のコントロールという形であきらかにされる。更にあきらかなことは資本会社における強行法規の増加である。それで有限会社の法はそうこうするうちに例えばあらたな計算義務について、少数社員の保護のための措置についてそして法形態上特殊なコンツェルンについて拡大されてきた。最も印象的なのはもちろん株式法における強行法の増加である。1965年の株式法の大改正や1976年の共同決定の導入、計算義務や開示義務の拡大の背景としてとりわけ判例が株式会社の企業組織の容貌を相当に変化させていた。とりわけ上場株式会社にとってそれらの会社が、内部の団体組織にも影響を及ぼす数多くの資本市場法上の行為義務にさらされていることに注意しなければならない。ここで取り合えず掲げられるのはインサイダー法あるいは相場での重大なあらたな出来事をただちに開示する義務である。

　ここで詳細にまで述べることができなくても、それら全ての基礎に、商事会

社の場合には市場と私的な利益の確保だけでは舵取を任せることができないような制度が問題とされているという経験があることは確かである。強行法の増大とともにそれを越えてさらに会社の意思形成に影響を及ぼすことなく企業の行為に関る者の諸々の利益が、主張されてきている。

3. 成文法から裁判官法へ

　他のあらゆる法領域以上にここ 40 年間の商事会社の法は成文法 (Gesetzesrecht) からではなく裁判官法 (Richterrecht) によって影響を受けてきた。このことがさらに進行して行った結果、会社法の立法の立法者の無能力が語られるまでになってきた。実際に立法者は、法典化された会社法をそれ自体変化する経済状況に適応させることをほぼ例外なく判例に委ねていた。それ故ときおり多くの法律において計画的な欠缺や一般条項まで見出される、それらは立法の理由書において、問題の解明は裁判所および学説に委ねられるという注記をともなって正当化されている。

　例えば有限会社コンツェルン法や(有限合資会社の形態をとっている)公開合資会社 (Publikumskommanditgesellschaft) の法のような商事会社の現在の法の全体領域は以上の方法に基づく不文の裁判官法なのである。また例えば有限会社や株式会社における資本調達および維持の法のような他の領域も裁判官法によって拡張され重ね合わされて行くのである。それどころか多くの立法者の措置は、裁判官法によって発展させられた法原則をまずは法律の形に移して行くことに限定されていたのである。特に判例はどのような法形態でも同様にあらゆる商事会社に当てはまる紛争、すなわち、会社における少数派と多数派との間の紛争の規制を結局引き受けてきたのである。われわれはここで法形態に特有なそして法形態を越えて展開されている多数派支配のコントロールに向けた一連の観点を見出す。それらの観点は、少数派の立場における社員や持分権者の利益の確保に至ることがなければそれらの者は多数派支配から保護されなければならないという法原理によって補完されている。これに加えられるのは、例えば、会社契約および定款の内容コントロール、決議内容のコントロール、

いわゆるコンツェルンの入口の保護 (Konzerneingangsschutz) の措置などである。

4. 国家会社法からヨーロッパ法へ

　新たな会社法の第一次的な源としての判例の意義は今日に至るまでくじけることはないままにある。同様に最近商事会社法の領域において立法活動が非常に増大しつつあることが再び注目されてきている。このことはドイツの立法者がヨーロッパ共同体の一連の会社法指令 (gesellschaftliche Richtlinien) をドイツ法に転換することを余儀なくされていたということに引き戻される。これらの指令は、ヨーロッパ共同体の構成国の会社法を統一しようとする努力の表れである。従来これに当てはまるものとされたのはやはりほとんどが株式法であり、有限会社の法は僅かにしかすぎなかった。人的会社の法の領域における法の統一はこれまで達成されておらずまた予定されてもいない。いずれにせよ、資本会社の法はそれによってヨーロッパ法の影響下にある。

　会社法の領域における法の同化 (Rechtsangleichung) がドイツの商事会社の法の発達に対してどのような意義を有しているのか？　少なくとも3つの観点が掲げられる。

　── まず第一に、法の同化は人的会社、有限会社、株式会社の間にいずれにせよ既に存在している規制の格差を増大する。株式法の規制が増大することは株式会社という法形態をより費用がかかりさらに魅力のないものとするのである。

　── さらに、法の同化は異なった規制規範を株式法の中に持ち込んでしまっている。

　── 最後に、同化された法は国内の立法者によって一方的に変更することができず、国内の裁判所によって継続形成されるしかない。結果として規制の封鎖ということになる。

IV. 個々の法形態の場合の新たな展開

　商事会社の法の発展のいくつかの一般的観点が述べられた後に、今度は個々の法形態における発展に眼を向けることにしたい。

1. 合名会社および合資会社
a. 普及度および意義

　商事会社の全体数に対する人的会社の割合は1950年の約65%から1987年の約30%に減少している。その場合人的商事会社の大部分はなお有限合資会社という混合形態のうえに当てがわれていたであろう。それでも80年代の末ドイツの大規模企業100社のうちなお5社の人的会社が見出される。若干の特色はあらたな連邦諸州における人的会社の拡大に当てはめられる。旧西ドイツ諸州においては人的商事会社にくらべて個人商人の企業が17倍にもなるが、あらたな連邦諸州においては人的商事会社が圧倒的である。これを越えてさらに驚かされるのは、あらたな連邦諸州においては合名会社が旧西ドイツ諸州におけるよりも非常に人気があることである。同様のことは合資会社にも妥当するが、しかしあらたな連邦諸州においては合資会社全体の4分の3が既に有限合資会社という混合形態のうえに当てがわれている。この比率は旧西ドイツ諸州においては約3分の2となる。

b. 裁判官による法創造の領域

　1949年以後の人的商事会社の法の発展は立法による影響が判例による影響よりも少なかった。法創造への新たな措置を見てみると、法創造はいくつかの焦点に絞られて来る。それに含まれるのは、例えば、法律に関するものでは、社員持分の相続に関連した未だ十分に論じられていない法律問題くらいしかない。これについて判例は遺言人の社員としての地位において相続人個人あるいは全員の直接の継承者に反対する会社法上の障害を除去することを可能とした。

　しかしながら最も重要だと思われるのは、会社契約および多数決決議の実質

的内容コントロールの形成であった。会社契約に法律上の通例とは異なる、社員の議決権の多数決によって決議をなすことができるという合意が含まれている場合、このことはそれに該当する決議の目的がはっきりと確定されている場合にのみ妥当する(明確性の原則 Bestimmtheitsgrundsatz)。それを越えてさらに社員としての地位の重要な部分を侵すような決議は無効とされる。除名された社員の補償請求を課題に制限することは許されない。判例の見解によれば、そのような制限は社員の会社に対する不当な拘束であり、当該社員の債権者に損害を与えるものである。客観的に正当な理由なく社員を解雇する契約条項も無効とされる。

2. 社員の事後的責任の時間的制限に関する法律

　立法は最近一つの観点においてだけ人的会社の法に精力を注いできている。合名会社および合資会社の法は除名された社員の責任について幾つかの矛盾を示してきた。それらはとりわけ除名された社員の社員たる期間中に基礎付けられた(賃貸借や使用貸借のような)継続的債務関係についての責任に関するものであった。この点について判例は既に法の継続形成の方法で責任を社員の除名が商業登記簿に登記されてから5年間に限ることとしていた。1994年3月に発効した社員の事後的責任の時間的制限に関する法律（BGBL. I 1994, 560）はこの判例を新たな法ドグマの形成によってまさしく明白な法律的基盤の上に位置付けたのである。これを越えてさらに同法は責任制限の原則を人的責任を負っている社員は合名会社の有限合資会社への組織変更によってその責任を制限することを求めるという非常に普及している出来事にまで転移させている。判例はこの場合に通常の責任を30年から5年に減ずることを拒絶してきたのであった。

3. 公開合資会社のための特別法

　人的商事会社の法の発展において特別な位置付けを有することはいわゆる公開合資会社 (Publikumskommanditgesellschaft) に関する判例の容認である。そ

の場合に問題とされているのは、一人あるいは少数の発起人によって設立され、唯一の人的に責任を負う社員は有限会社であり、有限会社として再び責任を限定されている、合資会社である。発起人の目的は、できるだけ多数の有限責任社員持分を投資家に売ることにある。そのような持分取得について課税上有利な投資を求める者は利益を有している。資本会社への参加とは異なり、とくに人的会社に参加する者は、投資者でありながら共同企業者としての地位を取得するとともに税法上の特別控除の要件を充たすことになるのである。

　有限責任社員の数が殆ど常に200人を越えているような会社は法典化された人的商事会社の法のモデル（Leitbild）とは一致してない。人的商事会社は見渡すことができる数の者が集まったうえで契約による交渉という方法で利益調整を行うように合わせられている。それ故判例は、70年代の初めから、合資会社の法を公開合資会社という新たな現象形態に合わせようとする企てを続けてきた。その企ては、一方で有限責任社員の保護に役立つべきであり、他方でそのような会社の可動性を確実にすべきものである。それを越えてさらに判例は、会社と投資家の間に信託的有限責任社員（Treuhandkommanditist）が入り込んでいた事例も認容した。判例はこの受託者に投資家の利益を補償すべき広範な義務を課している。

　公開という点に関して、公開合資会社は、有限合資会社の形態をとる他のあらゆる会社と同様、有限会社に適用されるのと同様の要求がなされる。この規制のきっかけを与えたのは有限合資会社に関する同様のヨーロッパ共同体指令であった。

V. 有限会社

1. 普及度および意義

　商事会社の中で有限会社は最も広範囲に普及している。1992年末ドイツにはほぼ51万の有限会社がある。すなわち、今日商事会社4社のうち約3社が有限会社の形態になっており、株式会社1社に対して約160社の有限会社がやっ

て来るということである。有限会社が非常に普及していることを見れば、全ての有限会社の基本資本が全ての株式会社のそれを長年にわたって上回っているということは少しも驚くべきことではない。有限会社は、立法者が構想していたように、中小企業のための法形態として留まっている。それにも拘らず80年代末にはドイツの大企業100社のうち少なくとも16社の有限会社が見出される。全ての有限会社のうちすくなくとも10％が有限合資会社における無限責任社員となるという唯一の目的を充している。有限会社の大部分にとっては一人会社が問題となるであろう。それを越えてさらに有限会社の少なくとも3分の1は少なくとも1つの他の企業の支配的影響下にある。

2. 法改正

史的展望の中で既に示唆しておいたように、有限会社法はほぼ90年間特筆すべき法律改正のないままであった。60年代末および70年代初めに提出された改正提案は失敗に終わっている。というのは、それらの提案は有限会社という現象形姿を根本から変えようとしていたからである。1980年の改正はこのような根本的改変を避ける術を心得ていた。それどころか同改正は幾つかの、もちろん個別的には重大でないわけではないが、近代化措置に限定されていた。すなわち、最低基本資本金額がこれまでの2万マルクから爾後5万マルクに高められた。現物設立に際して、現物設立に関する報告書が作成されなければならないものとされた。発起人は、会社の設定に際して虚偽の申告(記載)をしたことに対して、過大な設立費用に対して、約束された出資の履行に関する会社の損害に対して、それぞれ責任を負うものとされた。有限会社は一人有限会社(Einmann-GmbH)として設立されることができるものとされた。そして社員の情報請求が拡大された。

さらに同改正は確立されている裁判官法を法律の形に移すことに限定されている。このことは、例えば有限会社の社員が危機的状況において供され、保持されているあるいは返還された形になっている貸付は会社の破産の場合に責任付けられた自己資本 (haftendes Eigenkapital) として取り扱われなければなら

ないという原則に妥当する(有限会社法32条ab)。現物出資の価額が引き受けられた出資額に達しないことについて社員が責任を負わなければならないという新たな規制についても(有限会社法9条)事情は同様である。

それを越えてさらに有限会社はそれ以外の幾つかの法形態を越えた法改正に関わってきている。共同決定法(1952年経営組織法 Betriebsverfassungsgesetz: 従業員500人以上から、1976年共同決定法 Mitbestimmungsgesetz: 従業員2,000人以上)が該当するのはほんの僅かな会社だけである。より強く有限会社を捉えているのは、様々なヨーロッパ共同体の指令に立ち戻る計算義務および開示義務の強化という点である。とりわけ、開示義務の強化は徹底的に批判され、さらに実務においてボイコットされている。ヨーロッパ共同体が指令において中規模企業に対して開示の緩和をもたらして欲しいという希望はまだ叶えられていない。有限会社法の広範囲にわたる改正は組織変更法の新規定ももたらしている。

3. 裁判官による法創造の領域

立法者が広範囲にわたる有限会社法の改正を強いられなかったならば、このことはとりわけ判例が継続的形成を配慮することに関連付けられたことであろう。われわれは多くの関連する判決があることを理由として再びいくつかの特定のテーマ領域を扱うことで満足しなければならない。

a. 資本調達および資本維持

有限会社は基本資本が僅かしかなくても設立し運営して行くことができる。それにも拘らず裁判所は、社員が相応する資本の提供を逃れようとしている事例に繰り返し遭遇してきた。相当の数の判決において判例はそれ故資本調達および資本維持のコントロールの制度を拡大してきた。既に述べたように、そのように成立した法原則の一部は、立法者によって法律の形に移されている、そしてここではこれ以上論じられない。

法典化されないままにある判例によって展開されてきた規制については、現

物出資に関する規定の遵守が確保されなければならない規制についてだけ述べることにする。現物出資は金銭出資よりもたやすく粉飾されてしまう。このことは例えば次のように行われる。すなわち、社員が金銭出資を約束し金銭を給付するが有限会社はそのようにして得た金銭によって社員から現物を取得するのである。どのような条件のもとに同一のそしてそれと類似の計略が許されないものとして取り扱われるのかを判例は隠れた現物出資（verdeckte Sacheinlage）に関して判例によって展開されてきた法原則によって応えてきた。

別の場合に判例は資本調達および資本維持に関する法規定を例えば厳格にしたのではなく柔軟に形作ってきた。有限会社がその成立に際して既に設立や、その他初めから会社の名前で締結された業務に費やした費用を負担していることは以前は許されないものとされていた。そうこうするうちに許されないとする立場に柔軟な差額責任（Differenzhaftung）がとって代わった。事前の業務の開始に同意した社員は、約束した基本資本と成立時に存する資本との差額について有限会社に対し責任を負うのである。

ドイツの有限会社は慢性的に過小資本となっている。有限会社について相応する資本配備のための規制を配慮すべしとの要求に判例は従っていない。限度を越えた過小資本の場合にだけ社員は債権者を危険に晒したことを理由として責任を強いられるのである。

b. 少数派および債権者保護

判例による有限会社法の継続形式のさらなる重点を形成しているのは多数派と少数派との間の利益衝突ならびに債権者保護である。

有限会社法は議決権の多数によって決議をなすことを予定している。裁判所は、この規制が社員の多数派によって少数派を害する形で濫用される危険に、社員の会社に対するそして共同社員に対する誠実義務（Treuepflicht）を形成することによって対処しようと試みた。この手がかりは非常に実り多いものであることが示された。そうこうするうちに誠実義務の具体化にとって内容豊富な判例が存している。

少数派保護の更なる問題は以下に明らかにされる。すなわち、有限会社法は一方で社員を人的責任から遮断しているが、しかし他方で社員に業務執行への直接的関与を認めている。このことは有限会社を理想的なコンツェルン子会社としている。それ故実際に数多くの有限会社が他の企業の支配的影響下に置かれている。このことは有限会社の業務が支配企業の利益よりも劣後されるという危険をもたらす。このことは再び会社の少数派および債権者の損害に至る可能性がある。判例はこの利益衝突を有限会社のためのコンツェルン法を形成することによって取り組んで来た。有限会社法における法の継続形成の如何なる措置もこのような長い間にわたる発展期間を必要としなかったし、このように議論されたこともなかった。いずれにせよ今日は以下の原則が妥当する。すなわち、有限会社に支配的影響力をもつ者は、その影響力を会社の固有の利益を損なうように行使してはならない。それにも拘らずそのことがなされたならば、支配社員は会社に対し個々の既存の損害を賠償する責任を負わなければならない。個別に損害を与えた措置ならびにそれによって引き起こされた損害がそれぞれ分離できるものでなければ、支配企業は会社の破産の場合に債権者に対して損害賠償の責任を負わなければならない(株式法 302、303 条類推)。

c. 社員および取締役の対外的責任

現在私にとって有限会社の法の発展が決定的なものとされると思われるのは以下の問題を通じてである。すなわち、社員として特に取締役は会社債権者に対してどのような範囲で人的責任を負うことになるのかということである。

異論のないのは、社員あるいは取締役が固有の契約上の義務を引き受け、有限会社のためになされた契約交渉に関連して個人的信頼を要求したがそれを裏切った場合の責任(契約締結上の過失に基づく責任 Haftung aus culpa in contrahendo)あるいは自身が実行者あるいは関与者として不正行為を行う場合の責任である。既に述べたコンツェルン責任も支配企業の外部に対する責任を基礎付けている。今日は事実上2つの場合、一つは会社の明白な過小資本、いま一つは社員と会社の業務の混同(いわゆる範囲の混同 Sphärenvermischung)に限

られているいわゆる貫徹責任も異なるものではない。

しかし、第三者に対する組織義務の承認を基礎とした責任の拡張は心配ごとである。このことは、取締役は第三者の損害が回避されるように企業の進展を組織付けるよう義務付けられているということを意味してる。この判例は徹底的に酷評された。すなわち、その判例で行けば、取締役が従業員 (Mitarbeiter) のあらゆる義務違反について責任を負わなければならないということにまで行き着くのではないかと懸念される。しかし、法人の場合、会社に関わる義務違反について責任を負うのは取締役あるいは社員ではなくて会社なのである。

ここではこれ以上深くは論じないが、取締役の対外的責任の更なる拡大は取締役が破産の届出 (有限会社法 64 条 2 項、民法典 823 条 2 項) を遅滞した場合に債権者に対し債権者が有限会社の破産において被った損失額の賠償をなす責任を負っている状況に基づいている。もちろん責任の限度については以下のことが妥当する。すなわち、義務違反なく時期にかなって破産の届け出がなされた場合には債権者は破産配当額を受け取るだけである。破産が引き延ばされたことで、債権者の破産配当額は結果的に低下されてしまう、そしてこの低下額についてのみ取締役は損害賠償として補償責任を負わなければならない。この賠償額が算定されるのは、破産手続の開始の義務が生じてからはじめて自己の債権者としての地位が基礎付けられた者についても妥当する。このことは、1994 年 6 月 6 日の連邦最高裁の判決で変更された。最高裁は学説における批判に従い、次のことを確定した。すなわち、破産の引き延ばしの場合に取締役は新たな債権者に対して全額の損害賠償をなさなければならない。

VI. 株式会社

1. 普及度および意義

ドイツにおける株式会社の数は他の産業国家に比べて相対的に少ない。有限会社と比べてもその普及度は僅かである。これに加えて、80 年代半ば頃までは株式会社の数は減少し続けていたということがある。1982 年には 1875 の株式

会社しかないという最も低い状態になったが、1992年末には再び3,052社の株式会社が登記されている。株式会社の増加は一部はドイツの再統一に基因している。それによって東ドイツの数多くの国営企業が株式会社に転換されたのである。ほとんどの株式会社は大規模企業である。80年代末に大規模企業100社の中で約3分の2が株式会社として組織化されていた。

さらになお驚かされることは有価証券が証券取引市場で取り引きされている株式会社の数が少ないことである。1992年末その数は655社であり、これは全ての株式会社数の21%の割合にしかならない。このうちさらに398社だけが公設市場で取引をなしており、123社は規制市場で取引をなしている。80年代末以来認められている上場会社数の増大は1991年以来停滞している。そして上場会社においてすら個人株主の参加はますます減少している。これと相対して機関投資家、すなわち企業、銀行、保険会社、投資会社の割合は増加している。このような調査結果は、ドイツ株式法が最近まで広く株主が分散している上場大規模企業というモデルに整えていたことと比べればそれだけ一層離れつつあるということになる。

2. 立法および判例による株式法の完全化

株式法は以前からずっと会社法上の立法の主要な活動領域であった。その最初の法典化以来株式法は継続的に完全化されつつある。最近の大改正は1965年に発するものである。その改正の目的はとりわけ企業の実質的所有者（wirtschaftlicher Eigentümer）としての株主の法的地位を強化しようとするものであった。株主は、株式会社の融資者に替わって自分達の側で既に疑わしくますます問題があると見られるようになってきている。1965年以来株式法は多かれ少なかれ24回の重要な改正を経験してきている。株式会社と株式法の発展にとってとりわけ重要なものは1976年共同決定法による共同決定の導入であった。株式会社の運用に関する株式法および経済的周辺条件の最も重大な変更はヨーロッパ共同体の指令によって促されたものであった。これに関して例えば、会計法の包括的改正や上場株式会社の開示義務の拡大が言及に値する。

立法者が株式法の改正を行うことができなかったものを極めて能動的な判例が配慮してきていた。

　それにも拘らず、株式法の発展を事細かに述べることは他の法形態の場合よりも少なくなってしまう。それ故われわれは最近の発展のいくつかの里標に限定してまずいくつかの法律上の措置を考慮することにする。

3. 株式法の規制緩和（Deregulierung）

　ヨーロッパ共同体が株式法の領域における最も重要な立法の源となっているということができるとすれば、立法者は1994年の末にやっと「小規模株式会社および株式法の規制緩和に関する法律（Gesetz für kleine Aktiengesellschaften und zur Deregulierung des Aktiengesetz）」（1994年8月2日）によってドイツ株式法改正に関する固有のイニシアティヴを把握したのである。同改正の目的は、株式会社の魅力を中規模企業に促すことにある。このことに結び付けられるのはより多くの企業が資本市場とのつながりを有する法形態へ移行するとの希望である。この機会がすぐに利用されない場合でも、既に株式会社として組織化されている企業にとって有限会社よりもたやすく公開化（going public）への一歩を踏み出すことになるのである。同時に立法者が追い求めたのは小規模株式会社の導入によって、ドイツ企業の自己資本基盤の改善への貢献をなすことへの期待であった。

　要点とするところが小規模株式会社（kleine AG）の導入であるとすれば、もちろん有りうべき誤りは避けられなければならない。立法者は小規模株式会社によって一つの新たな法形態を導入したのではない。それどころか立法者は株式法を証券取引市場で取引をしておらず、ほんの僅かな株主しか有していない会社を上場企業よりも厳格ではない規制のもとにおくというように形作ったのである。それによって株式法は規制上2つのモデルに服するのである。すなわち、個人主義的に構造付けられた株式会社。この小規模株式会社の法律上の領域は多くの点で有限会社のそれと非常に類似している。大規模株式会社とは反対に小規模株式会社は例えば利益処分について実質的により大きな定款自治の

権限が認められている(新株式法58条2項)。さらに株主総会の招集および議事について大きな緩和が定められている(新株式法121条1、6項、124条4項、130条、242条2項)。最後に数多くの個別的改正点の中で設立費用の明らかな引き下げも際だっている。

　小規模株式会社のための特別規定の導入とならんで、さらにまた1994年8月2日の改正法は全ての株式会社ないし上場会社のみに該当するいくつかの規制緩和措置も含んでいる。上場会社だけに関わるもののうちで新株引受権の排除の緩和(新株式法186条3項)がとりわけ重要であり議論のあるところである。論ずる価値のあるものは、従業員500人未満の株式会社が共同決定に関し有限会社と同列に置かれるということである。このことは負担の点での株式会社と有限会社との差異を減少することに役立つ。

4. 資本市場法と株式法との交差点についての改正

　大規模株式会社と小規模株式会社との間の異別化は既に、株式法の発展がますます強く資本市場の視点から観察されなければならないということを示している。しかし、さらに資本市場法と株式法との交差点に直接入り込む改正が見いだされる。例えば最近小資本の投資家の株式取得を容易にするため株式の最低額面が50マルクから5マルクに減ぜられた。額面切り替えのコストが高いことを理由としてこの可能性を利用したのはこれまではもちろんほんの僅かな企業だけであった。上場企業の開示義務の拡大も資本市場法的に促されている。最後になお新たなドイツのインサイダー法が述べられている。それは世界的にも最も厳しいインサイダー取引規制を適用するものとして初めて法律上定められたものである。一般的な引受の申し出に関する規制や特別な組織的引受の申し出の導入に対してドイツでは依然として非常な反対が見いだされる。まとめて定式化すれば、上場企業に対する資本市場法的に基礎付けられた行為義務はますます増大しており、企業の内部組織も影響を受けている。

5. 裁判官による法創造の領域

　株式法の領域における立法者の多大な活動にも拘らず、判例もまた大きくそして部分的にはめざましい幾つかの判決によって継続形成に役立っている。

　判決の大部分は株式会社における管轄秩序に関わるものであった。詳細を述べることはできないが、その発展は、任務の遵守について監査役会の地位を確定し、株主総会の権利を拡大するところまで来ていた。株主総会の権利の拡大について、判例は株主総会に一定の成文化されていない管轄権を割り当てている。そこで取締役会の措置が株主の権利および利益に対する重大な侵害をもたらす場合にはその措置には株主総会の同意が必要となる。

　しかし、より細かに観察すれば、株主総会の地位の強化は少数派保護の措置であることが明らかになる。このことはとりわけ判例が以下のことを求めている場合に重要なものとされる。それは新株引受権の排除に関する株主の多数派の決議が、排除が正当であるとされる場合にのみ正しいものとされるということである。この手がかりはそうこうするうちに判例が大株主の株式会社に対してではなく共同社員に対する誠実義務を認めたことによってより強化されている。

6. 将来の改正の対象

　利口な人間はスポーツと予言に注意を払う。しかしながら将来の株式法改正に対象となるであろう幾つかのものを挙げることはそれほど困難なことではない。

　立法者のリストには既に２つのテーマが載せられている。その一つは複数の企業の倒産および危機が、監査役会がその現在の組織のままで自己に強いられた任務を果たすような状況にあるか否かという疑念を引き起こしていることである。一人の者になすことができる監査役会委任（Aufsichtsratsmandat）の数が少なくとも制限されることをある程度期待することができる。いま一つ、立法者はおそらく銀行によるとりわけ、寄託議決権という形での、議決権の代理行使というテーマを受け入れようとしている。私が推測するところでは、銀行

は議決権行使の代理人を選任することを義務付けられることになろう。代理人の任務は、議決権の委託の受理および株主の利益の確保に基づく議決権の行使を監督することである。そのような法改正は企業の内外での銀行の権力を制限しようとする努力の一端であろう。

　全く未解決なのは、立法者がそれ以外にどの範囲で改正への要求を受け入れるのかということである。その一つは、株主が株主総会決議に対して取消訴訟を提起することができる要件を限定することである。取締役会や会社を脅すことを目的としてこの取消訴訟があまりにも頻繁に濫用されて来ていた。それ故ある者は取消す者が株式の最低限度の数を有すべきことを求めている。他の者は、取消す者が取り消された決議によって自己の固有の権利を侵害され、訴えの提起と結び付いた株式会社の損害と侵害された権利との間に相応する関係が存していることが必要であると主張している。この観点のもとで株主の一定の情報権の侵害取消の事由にはならないであろう。最後に改正への要求は事実上のコンツェルンにおける少数派保護に関しても認められる。株式会社のコンツェルン法は契約コンツェルンを通例の形態としているので、契約なき支配関係の規制は不十分とされる。

7.　法形態を越えた発達

　最後に多かれ少なかれ全ての商事会社に関連する幾つかの改正点を指摘することにしたい。この中には、既に幾度も述べた共同決定規制を資本会社に限定するのは勿論であるが、一方で会計法の新規定は全ての商事会社を含むものということがある。このことは最近の改正の一つにも妥当する。それは新たな組織変更法である。それを不必要な立法措置の一つであるとすることもできよう、それはヨーロッパ共同体の指令の相応する特典を移譲する目的で企業の分割（Spaltung）の最初の法律上の規制を含むものではない。最後に述べる価値のあることは支払不能法（Insolvenzrecht）の改正である。ただ、その質は改正の議論を費やすこととの関係にはない。

VII. 展望

　あらゆる巧妙な規制に対して私は既に大胆に予想をしてきた。それ故まとめの展望でも商事会社のあり得べき将来の発展について思い切っていうことにしたい。その発展は、株式会社の非常な普及のために導入された措置がくじかれるということにまで至る。なぜならば、それらの措置はあまり熱がこもっておらず、株式会社の魅力をあとあとまで改善して行くことにはならないからである。それぞれの法形態について費用負担が様々であるという大きな問題は依然として解決されていない。結局有限会社の増大が続くことになろう。株式会社の数も上場会社の数も暫くの間取り上げるほどには増加しないであろう。なぜならば最近やんわりと圧力をかけて多くの企業を上場へと促してきたのは銀行であることから、改正は銀行の力を制限するという点で株式会社の全体数に対する上場株式会社の割合に対して否定的な作用を及ぼすことになろう。有限会社の増加は人的商事会社の普及の犠牲のうえに進んで行くことであろう。

　同様に人的商事会社の法の発展はとりたててあらたな衝撃を受けることはないだろう。実際的な改正への要求も見あたらない。有限会社の法は既に示された発展経路に沿ってさらに進んで行くことになろう。株式法という工事現場だけが近い将来にも作業を終えず更なる建築ラッシュにも常に都合がよいままにされることになろう。

新しいドイツ内部者法

I. 序 説

 連邦内閣により第二次金融市場促進法の政府草案が可決され(1993年11月3日付)[1]、その間に連邦参議院の態度表明が提出され[2]、そしてこれに関する連邦政府の反対表明[3]が行われた後、ドイツは今立法期の末にはじめて内部者取引の法律による規制を処理するとの公算は、大幅に繰り上げられている。この新たなドイツ内部者法[4]をもって、立法者は、わけてもかなり以前から期限を渡過している、彼に課せられていた、ヨーロッパ共同体(以下EC)内部者指令[5]を国内法に転換する義務をも果たすことであろう[6]。こうした背景を前にすると、今に至るまで静まらない諸問題、すなわち内部者規制なるものの意義及び

---

1) *Entwurf eines Gesetzes über den Wertpapierhandel und zur Änderung börsenrechtlicher und wertpapierrechtlicher Vorschriften* (*Zweites Finanzmarktförderungsgesetz*); BR-Drucks. 793/93 v. 5.11.1993, BT-Drucks. 12/6679 v. 27.1.1994. この法律が規制するテーマに関する概観が見られるのは、JACOBI, WM 1993, 1275; JÜTTEN, Bank 1993, 601; DERS, Bank 1994, 34; KRIMPHOVE, JZ 1994, 23, 28; SCHARRENBERG, Sparkasse 1993, 484; STIER, ZKredW 1993, 656.
2) BT-Drucks., 12/6679 v. 27.1.1994, S. 94 ff.
3) BT-Drucks., 12/6679 v. 27.1.1994, S. 101 ff.
4) 内部者規制は、条文法として起草された第二次金融市場促進法の、有価証券取引に関する法律(有価証券取引法 — *WpHG*)第1条に見られる、BR-Drucks., 793/93, BT-Drucks., 12/6679.
5) *Richtlinie des Rates vom 13.11.1989 zur Koordinierung der Vorschriften betreffend Insider-Geschäfte*, ABl. EG Nr. L 334 v. 18.11.1989, S. 30, 以下EC内部者指令 (EC-Insiderrichtlinie) とする、転載が、LUTTER, *Europäisches Unternehmensrecht*, 3. Aufl., 1991, S. 381.
6) この指令は、1992年6月1日までに国内法に移植されているはずであった。

目的[7]、その法律上の規制に代わりうる選択肢、そしてきたる内部者法の制度及び規制の詳細に関する諸問題は、必然的に後退することになる[8]。このことは次の理由をあげるだけでも、ほとんど不思議なことになりえないであろう。すなわち、内部者法なるものは、ドイツにおいてまったく法律上の伝統をもたず[9]、そしてこの法的な基礎カテゴリィ——これをもってすれば、内部者法は、それが国内ではっきりと形をとっているかどうかにかかわりなく、作用する——が、この国では会社法学者にもほとんど知られていないからである。この寄稿では、これに応じて、依頼により限定的に、今後の内部者法の制度を述べ、そしていくつかの特殊な適用問題を論究する。

この任務を果たす上で、まず、ドイツにおける内部者取引の法的把握の展開史が、簡潔に一覧とされるが、その場合、限定的に、きたる内部者法の適用に意義をもつか、またはこれを獲得しうる側面が取り上げられる。ここで、ドイツ内部者法の解釈に関して取り扱われるべきものには、これが同時にEC内部者指令の転換に資することから生じる諸問題もある。今後のドイツ内部者法を叙述するにあたっては、次いで、内部者取引の禁止及びその個々の法律要件上のメルクマールが中心に置かれる。最初に概観を行う目的は、計画されたシステムを明確にすることにある。そしてこれに続いて、内部者取引禁止の、個々の概念要素を詳細に論ずる。その次の節は、国内的・国際的コンテクストにおける内部者取引の禁止の貫徹及び開示による内部者取引の予防に資する、法律上の諸々の措置に割かれる。

II. 自発性を基礎とする自己規制から内部者法の法律による規制へ

1. 立法史

きたるドイツ内部者法の立法史は、60年代にまで遡る。経済誌と法学界と

---

7) それぞれの内部者規制に対し、反対したのは、最近ではD. SCHNEIDER, DB 1993, 1429; OBERENDER/DAUMANN, Ordo 43 (1992), 255.
8) これについては本誌でも既にHOPT, ZGR 1991, 17, 22 ff. がある。
9) これにつき後述 II.1. を見よ。

は、当時、内部者取引の規制が必要であると述べ立てていた。一つには、財源を資本市場法上で調達することが、これまで支配的であった、ドイツ経済の自己手段及び他人手段の資金調達に対し、その意義を増しはじめたというまさにその局面において、既にありそうだと思われていた内部者取引の最初の諸事案が告発されたからであり[10]、そしてこの他に、内部者取引の禁止なるものが、諸外国のモデルに基づき、当のドイツ経済界の外では、既にその当時から資本市場がその機能を果たすための基本装備であると考えられていたからである。取引所法を改正するための連邦経済省の計画の中で[11]ドイツ内部者法を作り出すという最初の熟慮は、それでも、取引所及び当の経済界により強く否定され、そして自発性を基礎とする自己規制へと向かった。すなわち、1975年に完成した取引所法の改正が具体的な軌道に乗るよりも前に、当時連邦経済省に設置されていた取引所専門委員会は、1970年11月における「いわゆる内部者問題を解決するための勧告」を可決していた。この勧告が含んでいたのは、内部者取引指令と、諸々の取引者及び助言者の規制とであり、これらは、1971年に、指令についての解説を通じて、そして取引所に設置されるはずの審査委員会手続令を通じて、補充された[12]。この戦略――かかる（くり返し改正された[13]）自発性を基礎とする自己規制の制度をもって、「内部者問題」の法律による規制を妨

---

10) HOPT, Kapitalanlegerschutz im Recht der Banken, 1975, S. 282. それらの諸事案については HOPT/WILL, Europäisches Insiderrecht, 1973, S. 22 ff.

11) *Entwurf eines Gesetzes über Maßnahmen auf dem Gebiet des Börsenwesens* von 1967, 転載が BEYER-FEHLING/BOCK, Die deutsche Börsenreform und Kommentar zur Börsengesetznovelle, 1975, S. 159 ff.

12) すべてをまとめた転載が HOPT/WILL, aaO (註10)), S.M-100 ff; ZfK 1970, Beil. zu Heft 24; BRUNS/RODRIAN, Wertpapier und Börse, 1971 ff, Nr. 435. 個別的には BEYER-FEHLING, ZKredW 1970, 1012; BREMER, AG 1971, 55; BRUNS, Der Wertpapierhandel von Insidern als Regelungsproblem, 1973, S. 157 ff; WALTHER, FS Werner, 1984, S. 933, 934 f.

13) 1976年の第1新表現形式の転載は、例えば SCHWARK, Komm. z. BörsG, 1976, Anh. II, S. 481 ff. 1988年の第2新表現形式の転載は、BAnz 1988, 2883 ff; WM 1988, 1105; ZIP 1988, 873; BAUMBACH/DUDEN/HOPT, Komm. z. HGB, 18. Aufl., 1989, (16) Insiderhandels-Ri; BRUNS/RODRIAN, aaO (註12)), Nr. 436-438.

げるものである[14]——は、後に判明したように、この規制制度に対し継続的で激しい批判及び様々な反対提案[15]があったにもかかわらず、1989年にEC内部者指令が可決されるまでは、効果があった[16]。

　疑問の余地なく、(場合によっては60年代にまで遡る[17])加盟諸国の内部者法を統一するというECの努力だけが[18]、ドイツにおいて内部者取引を法律により規制する道を開いたのである。それでも、EC内部者指令に対するドイツの抵抗は、なおも長く続き、そしておそらく成果を収めることともなって、ドイツ金融界の風評に配慮せず、計画されていたEC内部者指令に対する態度に、転回をもたらしていたかもしれない[19]。正当であるかどうかはともかく、規制及び監督が不十分であるということで、ドイツの金融界にはますます非難が向けられていた。そのような諸々の非難は、ドイツ金融界がもつ魅力そのものに

---

14) WALTHER, FS Werner, S. 933, 941.
15) *Arbeitskreis Gesellschaftsrecht,* Verbot des Insiderhandelns, 1976; HOPT/WILL, aaO (註10)), S. 149 ff.
16) 有価証券取引法が可決されるまでの、内部者指令に支配された「内部者法」について、より詳細にはZUR MEGEDE, in: Assmann/Schütze (Hrsg.), Handbuch des Kapitalanlagerechts, 1990, §14.
17) 1966年のいわゆるセグレ報告 (Segré-Bericht) (Europäischen Kapitalmarkts, 1966) 32頁、263頁及び次頁において、法律問題としての内部者取引が初めて吟味され、次いで1970年に提出されたヨーロッパ会社法規約に関する提案 (*Vorschlag über Statut der Europäischen Aktiengesellschaft* (ABl. EG Nr. C 124 v. 10.10.1970, S. 1)) では、その第82条に、既に内部者取引に関する定めが見られる。最後に出てきたのは、1977 die *Europäishcen Wohlverhaltensregeln für Wertpapiertransaktionen,* ABl. EG Nr. 212 v. 20.8.1977, S. 37 (法文の報告はABl. EG Nr. L 294 v. 18.11.1977, S. 28); 転載がLUTTER, Europäisches Gesellschaftsrecht, 2. Aufl., 1984, S. 307.
18) これにつき例えばHOPT, ZGR 1991, 17, 19 ff. の指摘を見よ。
19) 計画された内部者指令についての姿勢に転回があったことは、だいたい1989年4月までに、多くの態度表明を通じて公的に表明された。これらの下で参照されるのは、わずかにFAZ v. 21.4.1989, S. 17 (「内部者行為：取引所及び銀行は、今や一つの法律を望んでいる —— Rüdiger von Rosenはヨーロッパにおいて孤立する危険があると判断している」) und VON ROSEN, ZKredW 1989, 658. その他の「転回」の動機につき、ERNST, WM 1990, 461:「内部者違反を訴追する際の国際司法共助は、国家的な協力に頼らざるをえないことが明らかとなって初めて、連邦政府は妥協の用意があるところを見せた…」。

触れただけでなく、それと同時に、ドイツの企業に、外国資本市場での競争に障害をきたしていた[20]。1989年、加盟国たるドイツが劇的な心変わりをした後で可決されたEC内部者指令は、既に述べられたように、1992年6月1日までに国内法に移植されるべきであった[21]。これが設けられた期間内に行われなかったことと関連をもっていたのは、わけても、この内部者規制が、いくつかの追加的な措置——これらは、更にEC指令を移植し、そしてドイツ金融界を近代化するためのものである——の構成部分たるべきであったことである。すなわち、有価証券市場の将来的構造をめぐる様々な観念が、このことに対する監督を含め、遅れの一因とみることができる。そして、これとは別の原因が求められうるとすれば、それは、計画されたひとまとまりの措置の中には、同時に有価証券役務提供指令の転換が含まれるべきところ、これは、もちろん1993年5月にはじめて可決されたものであって[22]、かつ最初の諸々の努力に反し[23]、内閣により決定された法案にさえ入っていなかったという事情にある。立法作業が困難であったことの現れとして、利己的な大衆には知られなかった草案（「予備草案」）を数えあわせると、第二次金融市場促進法の第四次草案がはじめ

---

20) これにつきHopt, FS Beusch, 1993, S. 393の指摘を見よ。
21) 内部者指令の内容及び判断につき、例えばGrundmann, ZKredW 1992, 12; Grunewald, ZBB 1990, 128; Hopt, ZGR 1991, 17; Ders., in: Hopt/Wymeersch (Hrsg.), European Insider Dealing, 1991, S. 129 (= Common Market Law Review 27 [1990], 51), Ott/Schäfer, ZBB 1991, 226; Paefgen, AG 1991, 380; Schödermeier/Wallach, EuZW 1990, 122; Stumpf, in: Jahrbuch Junger Zivilrechtswissenschaftler 1990, 1991, S. 31; P. Welter, in: Büschgen/Schneider (Hrsg.), Der europäische Binnenmarkt, 1990, S. 315. EC内部者指令の、ドイツ法への移植に関する指摘と諸提案が見られるのは、Claussen, ZBB 1992, 73(I.), 267(II.)；Hübuscher, in: Büschgen/Schneider (Hrsg.), Der europäische Binnenmarkt, 1990, S. 329.
22) *Richtlinie des Rates v. 10.5.1993 über Wertpapierdienstleistungen,* ABl. EG Nr. L 141 v. 11.6.1993, S. 27; 転載がAG 1993, 394. この指令につきSchäfer, AG 1993, 389.
23) 連邦財務省により公表された、第二次金融市場促進法の最初の表現形式の第1条第4項目（BMF/VII B 5 vom 29.6.1993）が含んでいたのは、まだしかるべき「有価証券の役務の提供に対する行動規制」であった。なおその状況につきKümpel, WM 1993, 2025.

て内閣に提出され、そしてそこで可決されたことをみることができるかもしれない。

2. 法源と法適用上の諸問題

将来のドイツ内部者法は、有価証券取引法（WpHG）第3項目において規律されており、そちらからすると、条文法（Artikelgesetz）として編纂される第二次金融市場促進法の構成部分である[24]。特典のあるEC内部者指令に応じて、これが含むものには、内部者行為の禁止及び監督、貫徹、ならびに制裁に関する諸々の定めだけでなく、開示の要請という姿をとった内部者行為の予防に関する諸規定もある。

新しい内部者法の適用という点で、立法者が内部者法で追求する規制の目的を問う場合、立法史を要約的に、そしていささかはシニカルに、確認しなければならないであろう。すなわち、最初の段階で、立法者にとって問題なのは、指令の移植であった。内部者取引を法律上で規制する必要があるという確信が、ドイツ内部者法にとっての代父（Pate）であったのではなく、むしろ、他の地では内部者規制のないことが金融界の欠陥であると考えられており、そしてこのことから生じる諸々の不利益が、そのような内部者法なるものを作り出すことの不利益より、結果的に大きくなるという認識である。もちろん、このことを確認することで、法律の適用が導かれるということは、ほとんどない。内部者法の経済的・法的理論を一見しておくことも、法の適用者を、むしろ絶望に突き落とすものであるに違いないのである。すなわち、今日まで、内部者取引なるものを規制することの必要性は、資本市場がその機能を果たす条件として、様々に判断されている。法律により内部者取引を禁止することに賛成する者のもとでも、様々な理由づけの試みがみられる。このことは、本誌で既に述べられており[25]、そのため、それに代えて新たに掘り下げを行う必要はない。政府

---

24) 前述の註4) を見よ。
25) HOPT, ZGR 1991, 17, 22 ff.

草案の理由書は、その限りでは、投資者の保護を前面に出している。すなわち、そこで重んじられているのは、有価証券市場の諸状況に関する公の情報へ、平等な資格で迅速にアクセスする機会を改善し、かつ公にされるべき情報の範囲を広げる、要するに「市場の出来事の透明性」を改善することである[26]。ただし、内部者法を通じて図られるべき投資者保護は、まさしく資本市場法上の機能を保護する措置と考えられる。投資者の信頼である「平等に扱われ、そしてある情報の不法な利用から保護」されることは、金融市場がその機能を果たす上で、中心となる条件と考えられるのである[27]。

事態をかようにみることに、基本的に反対することはできないであろう。もちろん、ここで指摘されるべきは、立法目的のそのような把握がかかる事態と関係づけられえず、もって内部者取引に関する立法がそれぞれ個人と関連づけられた保護目的を認めない、ということである。すなわち、法案の理由書が目指す、制度の保護と、投資者個人の保護とは、同一のメダルの両面にすぎない。もちろん、これを越えて、内部者法から、投資者を情報の点で平等に扱うことに関する、何らかの一般的な言明が引き出されるべきではない。すなわち、明示されているように、市場に関与する者によって、情報が不均衡な状態にあることに不法につけ込まれることのみが禁じられるのであり、そして内部者法の任務を言い換えると、それはまさしく、いかなるときにそうした公には知られていない情報の不法な利用が許容されるべきではないのかという点にある。これに関連していうと、それでも、明らかに法律の設計及び政府草案の理由書から推論されるように、ある内部者情報を利用することの不法性は、専ら市場に関連づけられた諸々の観点から導かれる。すなわち、ある内部者情報の利用が、第三者——その情報の出所となっている者、またはその情報が関係する者——に対する濫用的または信義違背的行動を示すかという問題は、かかる内部者た

---

26) Gesetzentwurf Zweites Finanzmarktförderungsgesetz, Begründung, BT-Drucks., 12/6679 v. 27.1.1994, S. 33 ff.
27) BT-Drucks. 12/6679 v. 27.1.1994, S. 33; siehe auch ebd., S. 45.

る地位または内部者取引禁止の判断にとって、些細なことである[28]。

最後に考慮されるべきは、きたるドイツ内部者法で問題となる法が、EC指令の移植に資することである。このことは、わけても、個々の内部者法規定の解釈に関して意義をもつが、これらの規定は、ささやかとはいえないほどに不特定の法概念を含んでいる。ここでは、同化させられた国内法の解釈につき、細部にわたる諸問題を扱えないが、それでも確認されるべきは、これが、ある規定の文言上可能な範囲で、指令に合致するように解釈されるべきことである[29]。このことは、もちろん、国内の次元及び共同体法の次元の顧慮と並んで、第三の法源の地平を顧慮することをも強いるものである。すなわち、特定の加盟国の法制度に基づいた、ある指令の規制モデルや指令の個々の規定の起源が、原則として、ある指令の解釈上省みられずにあるべき場合であっても[30]、その他の加盟諸国による移植の方法及びそれらの国の裁判所による指令の解釈が、同化させられた国内法の適用に際し、疑いもなく併せ考慮されるべきである[31]。そのことから明らかとなるように、ドイツ内部者法の適用は、移植されるべきEC指令、そして場合によってはその他の加盟国におけるその移植と取り扱いとを横目で睨むこともないままに、処理することはできない。もちろん、そのような解釈に関連する法比較は、具体的な適用問題を考えないと、ほとんど意味がないので、その代わりに「ヨーロッパ内部者法」に関する、しかるべきそ

---

28) この観点につき、特に DAVIES, Oxford Journal of Legal Studies 11 (1991), 92.
29) EuGH Slg. 1984, 1891, 1909 (*von Colson und Kamann*); EuGH Slg. 1984, 1921, 1942 (*Harz*); EuGH Slg. 1987, 3969, 3986 f (*Kolpinghuis Nijmegen*); EuGH Slg. 1988, 673, 678 f (*Murphy*); EuGH Slg. 3533, 3546 (*Nijman*); EuGH Slg. 4135, 4158 ff (*Marleasing*). 指令に合致した国内法の解釈につき、より詳細には DÄNZER-VANOTTI, Steuerliche Vierteljahresschrift 1991, 1; EVERLING, ZGR 1992, 376, 382 ff; DI FABIO, NJW 1990, 947; JARASS, EuR 1991, 211; LUTTER, JZ 1992, 593, 604 ff.
30) LUTTER, JZ 1992, 593, 601 f. はその余の証明を付す。
31) HOPT, ZGR 1992, 265, 288 はヨーロッパ共同体裁判所の CILIFT 判決 (EuGH Slg. 1982, 3415, 30) を指摘する; LUTTER, JZ 1992, 593, 604; STEINDORFF, ZHR 156 (1992), 1, 15.

の他の研究が参照されうる[32]。

III. 今後のドイツ内部者法の制度と諸要素

 それぞれの資本市場と関連づけられた内部者取引規制の主要な礎石は、四つの概念メルクマールと関係する諸規定である。すなわち、内部者、内部者情報、内部者証券、そして内部者取引の禁止である。内部者取引規制なるものの方法及び範囲について判断するのは、第一段階では、これらの概念規定であり、それぞれがそのつど協力しあっている。すなわち、内部者概念が広いものであれば、例えば内部者情報概念または内部者証券概念が制限的なものとして対峙しうるし、そして一見したところ (prima facie) 広範囲にわたる規制の到達範囲を著しく制限できる。ドイツの内部者取引禁止を規制する、個々の法律要件事実メルクマールのかような協力(もし望むならば、システムといってもよい)が、以下の概観の対象である。そしてこれに続けて、内部者行為を禁止する個々の法律要件事実要素を、より詳細に考える。

1. 内部者取引禁止の規制システム

 個々の法律要件事実メルクマールが充たされているかどうかにかかわらず、若干の主権行為は、はじめからドイツ内部者法の適用範囲から排斥されている。個別的にみると、問題となる諸々の行為とは、金融政策上もしくは通貨政策上の諸理由に基づき、または国内もしくは外国の主権帯有者、もしくはその受任

---

32) WYMEERSCH, in: Hopt/Wymeersch (Hrsg.), Der europäische Binnenmarkt, 1990, S. 65 ff の詳細な比較に基づく概観そして ALESSI (イタリア), GEORGAKO-POULOS (ギリシア) und ZURITA (スペイン), ebd. S. 159, 175 und 185 の諸国の研究、更に GAILLARD (Hrsg.), Insider Trading — The Laws of Europe, the United States and Japan, 1992 にある報告を見よ。より新しい概観は、WEGEN/ASSMANN (Hrsg.), Insider Trading in Western Europe: Current Status (im Erscheinen: London, Graham & Trotman, Juni 1994).

者による債務管理の範囲において、実施されるものである(有価証券取引法第20条)[33]。

　ドイツの内部者取引の禁止は、二人の規範名宛人に向けられている。すなわち、第一次内部者であり、第二次内部者である。従って、それぞれ内部者取引禁止の内容に立ち入る前に、勧められるのは、規範名宛人の相違に関する概念上の背景を、より詳細に論究することである。第一次内部者とは、内部者情報に直接的にアクセスし、そしてそれを扱える者である。それでも、ドイツ内部者法はこうした抽象的な性質決定メルクマールを信用せず、有価証券取引法第13条第1項において、第一次内部者の範囲を、より具体的に列挙した規定を用いている。すなわち、これに属する者とは、まず第一に、内部者知識を備えた機関、または内部者情報にかかわりをもつか、これと結合している企業の無限責任社員である。更に、自らがそういった企業の株主たる地位にあるために、内部者情報なるものを得ている者である。そして最後に、自らの職務、活動、または任務に基づき定型的に内部者情報なるものを知っているすべての者である。第二次内部者とは、これに対して、ある内部者事項を知っている、その他の「第三」者である(有価証券取引法第14条第2項)。

　すべての第一次内部者は、内部者情報とのつきあいに関して、三重の禁止に服する。まず第一に、彼に禁じられるのは、所定の有価証券(いわゆる内部者証券、これについては間もなく述べる)を、彼のもつ内部者知識につけ込んで、自己または他人の計算で取得することである(有価証券取引法第14条第1項1)。そして彼に禁止されるのは、他人に対し、ある内部者情報を権限なくして伝え、またはアクセスできるようにすることである(有価証券取引法第14条第1項2)。最後に、彼に禁じられているのが、彼のもつ内部者知識を基礎にして、第三者に所定の証券(「内部者証券」)の取得または処分を推奨することである(有価証券取引法第14条第1項3)。第二次内部者は、これに対し、内部者法上は利用の禁止に服するにすぎず、このことを通じて彼に禁じられるのは、彼のもつ

---

33)　この規定はEC内部者指令第2条第4項に対応する。

内部者知識につけ込んで、所定の有価証券(「内部者証券」)を、自己もしくは他人の計算で、または他人のために取得ないし処分することである(有価証券取引法第 14 条第 2 項)[34]。

　内部者行為の禁止に服するのは、わずかに、第一次内部者または第二次内部者として、内部者情報を扱える者だけである。内部者という概念規定との関係で定義すると、ドイツ法で内部者情報と認められる公に知られていない事実とは、内部者証券の一人もしくは複数の発行者または内部者証券と関連しており、かつそれが公に知られた場合には、内部者証券の相場に重大な影響を及ぼすにふさわしいものである(有価証券取引法第 13 条第 1 項)。そのような基準で書き換えられ、そして立法者により内部者事項と呼ばれる内部者情報に属しないものに、有価証券取引法第13条第2項[35]の明示的規制により、排他的に公に知られている事実に基づいて作成された評価がある。

　最後に、内部者事項とは、そうした非公開情報のうち、所定の有価証券の発行者または問題となる証券それ自体と関連するもののみをいう。内部者情報及びそうしたものの禁止された利用または提供の対象でありうる有価証券の範囲を、内部者法は、内部者証券という概念に集約する。実際、同時に内部者証券の定義と結びついているのは、これにより把握される有価証券市場及び有価証券取引の姿をとった、内部者規制の実質的な到達範囲の限界である。いかなる有価証券が内部者法上内部者証券と考えられるべきかを規律する有価証券取引法第 12 条は、有価証券取引法第 2 条における有価証券の概念の定義に拠った、相当に複雑な規定である。把握されるのは、まず第一に、すべての化体された、または化体されていない有価証券(有価証券取引法第 2 条第 1 項)のうち、国内

---

34) 共犯の可罰性に関する理由第 27 条、第 28 条を引き合いに出すと、結論的にはもちろんこれとは異なる像が生じる。これにつきより詳細には後述 III.2.e.(2). 第二次内部者に関する内部者取引の禁止を、第一次内部者を顧慮して有価証券取引法第 14 条第 2 項の再吟味に制限するという連邦参議院の提唱(BT-Drucks. 793/93 v. 5.11.1993, S. 94)に、連邦政府が、明確な形で原則的に否定的に対峙するというわけではない(BT-Drucks. 793/93 v. 5.11.1993, S. 101)。

35) 本規定は、EC 内部者指令の衡量根拠第 13 号に関する指摘を、有意義に法文の形式にはめ込んでいる。

の一取引所で取引を免許されているか、または店頭取引に含められているものである(有価証券取引法第12条第1項第1文1)。しかし、これを越えて、内部者証券には、次のような証券もある。すなわち、ECの一加盟国において、または欧州経済領域(以下EEA)の締約国において、国家の承認する官庁により規制され、かつ監視される市場で取引されている(有価証券取引法第12条第1項第1文2)有価証券である。既に免許の申立がなされているか、またはそのつど問題となる市場に含められる旨の申立がなされているか、もしくはそのことが公に広告されているときは、これに該当する有価証券もまた、内部者証券に数えられる(有価証券取引法第12条第1項第2文)。最後に、これと同じ諸々の兆候があれば、内部者証券と認められるものに、有価証券を引き受け、取得し、または処分する諸々の権利、そして把握された証券の、一層詳細に定められたデリヴァティブもある(有価証券取引法第12条第2項)。また、先に掲げられた証券のすべてが有価証券と性質決定されること、これらについて何ら文書が作成されていない場合も同様である(有価証券取引法第2条第1項)。

第一次内部者または第二次内部者が内部者取引の禁止に違反すると、5年以下の自由刑または罰金刑が課される(有価証券取引法第31条第1項)[36]。とはいえ、この意味において、ドイツのそれに対応する外国の内部者取引の禁止に違反する者もまた、処罰されうる(有価証券取引法第31条第2項)[37]。

---

36) 連邦参議院の提案(BT-Drucks. 793/93 v. 5.11.1993, S. 95)である、未遂の処罰を可能とするという威嚇のために有価証券取引法第31条第1項を拡張することに、連邦政府は正当な諸理由をもって反対している(BT-Drucks. 793/93 v. 5.11.1993, S. 102)。

37) この規制の正当化を導く理由づけ(BT-Drucks. 12/6679, S. 57)は、この規定が、ヨーロッパ及びドイツの資本市場の機能性が、外国からも危機に晒されうる、という事情を考慮している、というものである。例えば、隣国またはヨーロッパ外の外国にいる、あるドイツ人により犯されることを考えると、外国における有罪判決を目的とする行為者の引き渡しなるものは、基本法第16条に基づき、考慮されない。それでも、内国において、あるドイツ人を、外国で犯された内部者行為を理由に刑法上訴追するためには、明示的な法律上の言明が必要であるが、けだし、有価証券取引法第14条による内部者の禁止は、行政法上の規範として、国内に制限されるからである。この規範の法的構造は、1979年10月26日の条約についての、1990年4月24日の核物質の物理的保護に関する法律(BGBl. 1990 II, 326)第2条の規制に相当する。

2. 内部者取引禁止の法律要件事実上のメルクマール各論
 a. 内 部 者
　内部者という概念と結びついているのは、通例、内部者取引の禁止なるものの人的な適用範囲の限界である。すなわち、内部者情報を扱えるすべての自然人または法人が、専らこうした事情に基づいて、内部者取引禁止の規範名宛人と認められるべきではない。内部者という概念規定が広いものであるにもかかわらず、これは、多かれ少なかれ EC 内部者指令の出発点でもある。これと同じように、有価証券取引法第13条における第一次内部者及び第二次内部者の詳細な定義が推測させるのは、ドイツ内部者法もまた、内部者取引の禁止に該当する者の範囲を、そのように限定することに配慮しており、それゆえ内部者情報なるものを扱える者すべてを、本法律の意味における内部者と考えてはいないことである。それでも、内部者概念をより詳細に評価することは、かかる印象の修正を強いるものである。すなわち、第一次内部者と第二次内部者との区別が意義をもつのは、せいぜい、この二つの内部者類型につき、政府草案においてはなお存在する禁止の法律要件事実の相違に関してである。結局、内部者概念は広く把握されているので、実際には内部者情報を扱える者すべてが、これにより、内部者となる[38]。
　術語の点で注記されるべきは、法律の文言は、第一次内部者という概念も、第二次内部者という概念も、用いていないことである[39]。第一次内部者の概念の代わりとなるのが、法律の文言においては「内部者」のそれである。第二次内部者の代わりに、最終的に、内部者法は「第三者 (Dritte)」の概念を用いて

---

38) このことは、該当する諸々の範囲によって、既に指令の特典に基づいて、危惧されており（参照されるのは、わずかに ERNST, WM 1990, 461 で、これが提起する問題は、「すべての取引所仲買人が将来は内部者であるのか」というものである）、そして後には、ドイツの移植提案の背景を前にして、批判もされた（参照されるのは、わずかに FAZ v. 28.8.1993, S. 9：「諸銀行は内部者の定義を広すぎると批判する）。
39) フランクフルト取引所に設けられる内部者審査委員会の委員長の監督下におくとする、zur Megede が起草した EC 内部者指令を移植する法律の草案とも異なる。これにつき HOPT, FS Beusch, 1993, S. 393.

いる。しかし、それにもかかわらず、第一次内部者及び第二次内部者という概念は、依然として内部者の二つの類型を術語上特徴づける符号として用いることは正当であって、これらは、有価証券取引法第 13 条第 1 項において、そして有価証券取引法第 14 条第 2 項において、略述されている。

(a) 第一次内部者

第一次内部者の範囲は、身分及び職業との関連で定義されている。

(1) 身分を条件として内部者と性質決定されるのは、発行者またはこれと結合している企業の、業務執行機関ならびに監査機関の構成員及び無限責任社員である(有価証券取引法第 13 条第 1 項 1)[40]。それゆえ、第一次内部者は、あらゆる法形式の諸企業で存在しうるが、それは、これらの企業が自ら内部者証券を発行しているか、またはそのような企業に参加しているという限りにおいてのことである。この内部者類型において、専ら機関がその機能を果たす上で得ることのできる諸情報が問題となる場合に、何ら意味をもちえないのが、問題となる機関が法律上規定されているのか、それとも法律の許容する枠内で、自主的な基盤の上に形成されたのかという点である[41]。これとは逆に、ある諮問委員会または相談役会の構成員であっても、彼にその時々に機関としての経営または監視の権限が帰属していなければ、それだけではなお内部者法の意味における機関たる地位を根拠づけることはできない[42]。

---

40) EC 内部者指令第 2 条第 1 項が問題となる第一次内部者の範囲をこれとは別に(そしてとりわけ「人的責任を負う社員」に言及することなしに)書き換える場合、そうであるのは、EC 加盟諸国における個々の会社の管理構造は依然として区々であるからである。事実、立法者は指令の特典を、それゆえ適切に置き換えている。有価証券取引法の問題となる定式化は、そのため、株式合資会社の人的責任を負う社員をも把握する。CLAUSSEN, DB 1994, 27 をも見よ。
41) Begründung, BT-Drucks. 12/6679, S. 46 もまたそうである。
42) 有価証券取引法第 12 条第 1 項 1 をもって置き換えられた EC 内部者指令第 2 条第 1 項との関連でも HOPT, ZGR 1991, 17, 36 が前提とするのは、この規定の文言及び意味は審議会の算入に賛成するかもしれないが、しかし制限的に付加するのが、最終的に審議会の方法及び機能に拠るということである。有価証券取引法第 13 条第 1 項に関する理由 (BT-Drucks. 12/6679, S. 46) は、そのような委員会につき、一般に「機関」たる性格を否定するように思われる。

第一次内部者は、有価証券取引法第13条第1項1の文言によれば、「定冠詞付きの発行者の」、問題となる機関の構成員または無限責任社員だけである。この規制の文言に依拠すると、この意味するところは、ある企業の機関の構成員または無限責任社員は、彼がその立場を対内的に有する会社との関係でのみ、またはこの会社と結合した企業との関係でのみ、第一次内部者でありうる、ということである。この規定をそれ以外に解釈することは、その文言とほとんど相容れない。立法者がこれとは異なる規制観念――これに第二次金融市場促進法を所管する財務省の諸通達は賛成している――を追求しようとするならば、立法者はこのことを明確な形でも表現すべきであった。例えば、それと同時に「定冠詞付きの発行者」という表現形式を「不定冠詞付きの発行者」に置き換える、というようにである。内部者が、ある「発行者と結合した企業」の、業務執行機関もしくは監督機関の構成員または無限責任社員でもありうる場合、ドイツ内部者法は、この点で、特典をもつEC内部者指令を越えることになる。この指令が、第2条第1項(旧1)において内部者として把握する者は、「定冠詞付きの発行者」それ自体の、しかるべき機関の構成員だけである。ここに、必然的に生じる問題が、ある企業が、その他の企業と、問題となる規定の意味において「結合して」いるか否かを、いかなる要件により決定すべきかという点である。指令においてこの概念は用いられておらず、その限りでは、これと関係のある、法形式にかかわらずあてはまる株式会社法第15条の概念規定に依拠することができる。

(2) 第一次内部者の範囲に属する者には、更に、発行者またはこれと結合している企業に資本参加しており、かつ内部者情報をその参加に基づいて得ている者もある(有価証券取引法第13条第2項)。本規定の明瞭な文言により、「参加内部者」でありうるのは、わずかに、彼に内部者事項を知らせている発行者に、まさしく彼が参加していることの証明されうる者である[43]。内部者情報を

---

43) また、Begründung, BT-Drucks. 12/6679, S. 46 を見よ。CLAUSSEN, DB 1994, 27 は、この点で確かに、統一されていない「資本への参加」という概念の使用を主張するが、それでもこの規制は最終的には法的安定性という観点の下で正当と見られる。

入手することにつき、その原因たる参加を必要とすることで、ドイツの立法者は、EC内部者指令第2条第1項(旧2)からくる要請を、適切に移植している。より詳細に考えれば、これをもって「参加」という内部者を性質決定するメルクマールが、十分に狭いことがはっきりする。このため、性質決定メルクマールをより一層限定する——例えば、ある所定の参加の程度が求められるべきであるというようにする[44]——謂れはない。

　(3)　最後に、第一次内部者とは、その職務、またはその活動もしくはその任務に基づいて、定型的に、ある内部者情報を知っている者である。この、一見したところ広い性質決定メルクマールは、二通りの方法で大きく制限されている。すなわち、一つには、当該人の職務、活動、または任務と、内部者事項の入手との間に因果関係が求められること、そして他には、問題となる者が定型的に、つまり偶然にすぎないとか、ことのついでというのではなくして[45]、情報を手に入れていなければならないということである。前に触れたメルクマールとは対照的に、内部者情報を利用できる者と、その情報と関係をもつ各会社との間に、いつものような関係は、必要とされない[46]。提案として、第一次内部者として考慮されるのはわずかに、職務、活動、または任務を条件として、内部者情報を知っており、かつ、発行者と契約上、または「職務上または労働上の理由に基づく...分類」を通じて、結びつけられている者であるというものがあるが[47]、これは既にEC内部者指令第2条第1項(旧3)の文言と、そしてなおさら有価証券取引法第13条第1項3の文言と、相容れない。これは、それを越えてまで要請されているものではないが、けだし問題となる性質決定メ

---

44)　そのような諸提案が見られるのは、例えばHÜBUSCHER, aaO (註21)), S. 334; CLAUSSEN, ZBB 1992, 267, 270; HOPT, ZGR 1991, 17, 36 f.
45)　Begründung, BT-Drucks. 12/6679, S. 46; CLAUSSEN, DB 1994, 27, 28.
46)　HOPT, FS Beusch, S. 393, 398 f; DEARS., ZGR 1991, 17, 38. これに対して、なおVON ROSEN, ZKredW 1989, 658, 660が要求するのは、「ここで制限的に把握される者は、わずかに、会社と一定の信頼関係にあり、そして既にそのような、その内部者情報に、せいぜいその活動の「機会に」アクセスしていない者である」。
47)　CLAUSSEN, ZBB 1992, 267, 271.

ルクマールは十分に具体的であり、かつ定型的に知識を入手する必要があるとすることで、問題をきたす者の範囲を、実質的には適切に限定しているからである。すなわち、その個性により、内部者情報との接触に携わるような、ある地位において活動している者は、そのような諸情報とつきあう上で、ある程度の要請を甘受しなければならないのである。

　職務、活動、または任務を条件とする第一次内部者は、まず、すべての機関構成員のうち、ある内部者情報の作成に関与していたか、またはその機関が機能を果たすためにこれを聞き知っている者である。その他に、この内部者類型に入る者に、相談役やその他の諮問委員会の構成員もいる。更に、第一次内部者に数えられるべき者に、全従業員のうち、彼に割り当てられた任務または活動に基づいて、定型的に内部者事項に接触する者もいる。おそらくこれに入らない企業労働者は、偶然にすぎない形で、そして彼の仕事の範囲もしくはその権限に対応することなく、内部者情報を得ている者である[48]。例えば、使者は、彼に送付を委ねられた諸々の文書を開封し、または届けるに際してある情報を小耳に挟むことがあるかもしれないが、彼がこれをもって第一次内部者であるということはなく、この情報を「何かのおりに」入手しているにすぎない。しかし、これとは逆に、必要とされないのが、従業員が典型的な形で[49]、または定型的に内部者情報に接触していたり、彼に委ねられた任務を遂行したりすることである。これと同様に、法的な基礎として、助手たる者の業務であるということも、ほとんど意味をもちえない。すなわち、一時的に業務を行うにすぎない臨時雇、見習、または病気となった者に代わってある企業の所定の地位に任じられている助手は、従って、第一次内部者でありうるのであり、このことは長年働く主任事務員と同様である。最後に、職務を条件とする内部者たる地位という基準が把握するのは、広い範囲にわたって、企業のために相談を行い、またはその他の業務の遂行をもって活動しており、かつこの機能を果たすため

---

48)　同様であるのが Begründung, BT-Drucks. 12/6679, S. 46; CLAUSSEN, DB 1994, 27, 28.
49)　そうであるのがまた HOPT, ZGR 1991, 17, 38.

に内部者情報の知識を入手するような職務である。それでも、外部から企業に通う者という、職務を条件とする第一次内部者としての地位は、当該人が企業のある業務を遂行し、また、さもなければ給付の提供を通じて企業に結びつけられていることに依拠する必要はない。従って、ジャーナリストやアナリストも、彼らが例えばインタビュー、経営視察、またはその他職務上の調査の範囲において内部者情報を手に入れれば、第一次内部者でありうる[50]。最後に考慮されるべきは、そのようにして第一次内部者となっている人または企業の従業員及び助手が、彼らの側で再び任務または活動を条件とする内部者となりうるのは、これらの者がその地位において定型的に内部者情報の知識を入手する場合である。

b. 第二次内部者

第一次内部者以外の者で、ある内部者事項を知っている者は、第二次内部者である(有価証券取引法第14条第2項)。ある内部者事項を知っていることは、その情報を有する者が内部者事項としての情報の性質をも認識していなければならないことを要件としない。これと同様に、情報につき知識を得る方法や情報の出所は、ほとんど意味をもたない。とるに足りないのは、特に、その知識が、第一次内部者の助言または推奨に、すなわちその者による意図的な提供に依拠するか否かという点である[51]。また、これを裏返すと、調査を要しないの

---

50) 内部者情報は、ジャーナリストまたはアナリストに、そのような諸事案において、まさに彼の特別な職業上の地位、活動及び任務を理由に伝えられる。「定型的に」というメルクマールの機能が、内部者事項をせいぜい偶然に、または機会があって知っている者を、第一次内部者の範囲から排斥することにあるならば(前註45)及び48)を見よ)、これとはまったく別の、そしてこれと混同されるべきではない問題は、そのような情報の伝達が(例えば会社の機関を通じて)その側では許容されるのか、それとも有価証券取引法第14条第1項2の意味における「資格なき」伝達を示すのか、という点である。これにつき後註103)。
51) EC理事会の、EC内部者指令第4条に関する議事録の宣言は、第二次内部者に対する内部者取引の禁止についてのものであるが、ここにおいて確認されているかもしれないことに左右されることなく(これにつきERNST, WM 1990, 461は、努めて、内部者の範囲を制限しようとする)、有価証券取引法第14条第2項の文言上、何の意味ももたないのは、どのようにして当該人が内部者情報を知っているのかという点である。

は、内部者情報を扱える者が、その内部者情報が間接的にのみ、もしくは直接的に第一次内部者から出てきうることを、知っていたか、推測していたか、または知っていなければならなかったかという点である。このため、ドイツ内部者法は自覚的に、そのような一つの制限を含むEC内部者指令第4条を越えている。立法者は、この方法で、奇妙に表現され、かつ妥協して形の崩れた指令の規定が投げかけていた、いくつかの謎を解決している[52]。このことは、もちろん過度に広い第二次内部者概念であがなわれている。そこで、例えば、次のような者もまた第二次内部者として扱われるべきである。すなわち、ある情報を、自らが投資を行うまたは行わないと判断する上での基礎としているが、そこで内部者情報なるものが問題となっていることを知らない者である。それにもかかわらず、広い概念である第二次内部者を、主観的メルクマールを導入することで狭める契機は存在しないが、けだし、その限りにおいて働く諸々の熟慮は、せいぜい、既に有価証券取引法第14条第2項の禁止法律要件事実を通じて十分に要求されているものであって、この規定は、単なる内部者の地位を越えて、ある内部者情報に「つけ込んで」いなければならないことを求めるからである。そこで行われるべき衡量を、予め内部者概念に投影しておくことは、ほとんど意味をなさない。

　内部者取引が禁止される規範名宛人の範囲を決定するに際して、わけても第二次内部者の概念は、あたかも捕捉機能を担うものである。それどころか、更に先に進んでよいであろうし、第二次内部者の概念をあたかも内部者の一般条項であるかのように考えうるであろう。すなわち、内部者情報を扱える者は誰でも、既にこのことによって内部者なのであり、そして第二次内部者に対する禁止法律要件事実に服するが、彼が一つのより広い性質決定メルクマールに基づいて第一次内部者の類型に数えられるべきではないという限り、そうなる。このため、広い概念である第二次内部者に入るのは、わけても、その一部はか

---

[52] EC内部者指令第4条が投げかける諸問題につき、例えばCLAUSSEN, ZBB 1992, 267, 274; HOPT, ZGR 1991, 17, 48 f; SIEBEL, FS Semler, 1993, S. 955, 959 ff. 指令第4条を定式化する背景につき、SCHÖLDERMEIER/WALLACH, EuZW 1990, 122, 123.

の現実(特にアメリカ合衆国の諸事例)であり、そしてその一部は内部者取引の寓話集に由来する諸状態である。例えば、乗客等の話を盗み聞きするスチュワーデス、乗客の話を一緒に聞くタクシーの運転手、証拠書類をめぐる詮索好きな掃除婦、深層心理で内部者の知識に出くわした内部者自身の精神科医、あるいは彼の話し相手になる妻であり、そして鉱脈を掘りあてた産業スパイである。いかにして彼らが内部者情報を有するに至っているかといった点は些細なものであるから、彼らは、ドイツ法によれば、すべてまとめて第二次内部者である。もちろん、内部者事項なるものを「知っていること」を必要とすることが、そのすべてを第二次内部者の類型から排斥するが、推奨が行われる情報上の基礎を知らないままに、彼らは売買の助言を基礎として取引しているにすぎないからである[53]。

c. 内部者情報

第一次内部者または第二次内部者でありうる者は、ある内部者情報を扱える者だけである。有価証券取引法第13条第1項の定義は、内部者情報の概念を、第一次内部者に対して禁止される法律要件事実の表現形式と関連させつつ、公に知られていない事項とするが、これは内部者証券の一人もしくは複数の発行者または内部者証券と関連し、かつそれが公に知られることとなった場合には、内部者証券の相場に重大な影響を及ぼすにふさわしいものである。

(1) 公に知られていない事実

ドイツの立法者が、内部者事項としての内部者情報に言及し、そしてこれを通じて予め概念上表明しているように、内部者情報で、つまりEC内部者指令第1条第1項の文言で、「厳密な」情報というものを問題としなければならない。風評、価値判断、見解、そして法観念[54]は、この規定の意味における事実

---

53) 助言それ自体は、いずれにせよ内部者情報ではないが、それでも、ある予想が伝えられたことまたは伝えられようとしていることに関する知識が、内部者情報を示しうる。これにつきより詳細には、II.2.b.(1)。

54) Begründung, BT-Drucks. 12/6679, S. 46.

ではない[55]。これと同様に、助言や推奨であって、諸々の事実の通知を伴っていないものは、上述の意味における内部者事項ではない。しかし、これとは逆に、助言または推奨が既に伝達されていること、またはまさに伝達されようとしていることを知っていることは、そのような内部者事項を示しうる。すなわち、所定の有価証券の取得について助言が行われようとしていることを、例えば経済雑誌、テレビ放送、または取引所のサービスで知っており、かつその公刊前にそうした証券を仕入れている者は、ある事項を基礎に取引をしているのである[56]。

ある事項が内部者事項なるものであるのは、わずかに、これが公に知られていない限りにおいてである。これに対して必要ではないのが、公になっていない事項が秘密の性格[57]を有するとか、機密とみられることである[58]。それでも、

---

55) CLAUSSEN, DB 1994, 27, 30 は、ある「事項」につき「客観的に信頼できる程度の言明」であることを求める。
56) 確かに、そのようないわゆる先行、平行、または対向 (Vor-, Mit- oder Gegenlaufen) の諸事案(「フロントランニング」または「スクラッピング」としても特徴づけられる)は、圧倒的に、既に職業上の法的な義務の違反という観点の下で (例えば、利益を保持するという委任の遂行に関する銀行の義務)把握されうる (例えば、これにつき HOPT, aaO [註 10)), S. 6 ff; DERS., FS Heinsius, 1991, S. 298, 294 ff; 第二次金融市場促進法との関連では KÜMPEL, WM 1993, 2025, 2027 を見よ)が、それでもその内部者法上の処理は、よりきめの細かい網を、そしてそれに伴いそのような特典となる方法に制裁を加えることに関する包括的な出発点を示すものであろうが、けだし、いくつかの活動領域においては、なおしかるべき職務上の義務が形成されていないからである。問題となる諸事象の、内部者法上の側面につき、例えば HOPT, FS Beusch, S. 393, 409 f; DERS., ZGR 1991, 17, 34 f. 確かに CLAUSSEN, DB 1994, 27, 28 が正当にも指摘しているように、ドイツ内部者法は「先頭を走り」「明確な言葉で (expressis verbis)」ないものを禁ずるが、それは有価証券取引法第 12 条ないし第 14 条という装置により原則として把握され、そしておそらくこれを通じて法律の網の目により否定されるであろうが、けだし「フロントランニング」中で利用される内部者情報は、何ら十分に相場に影響を与える可能性をもたないからである。
57) 例えば、株式法第 404 条、刑法典第 203f 条、商法典第 333 条または不正競争制限禁止法第 17 条の意味におけるそれ。
58) 情報に信頼性のあることが内部者情報の法律要件事実の要素であったとしても (HOPT/WILL, aaO [註 10)], S. 64)、その対象は明らかに規制されていた。つまり、1970 年の表現形式における内部者取引指令第 1 項目(註 12)) においてもそうであった。この指令も有価証券取引法も、その必要を示していない。この他にも Begründung, BT-Drucks. 12/6679, S. 46; HOPT, ZGR 1991, 17, 29 をも見よ。

いつ、ある情報が「公に知られた」とみられるべきかという問いに対する答えと、様々な見解が結びつくのも当然であろう。EC 内部者指令第 1 条第 1 項におけるしかるべき特典との関連からして、これについては、極めて様々な見解が主張された[59]。一部では、いくつかのマスメディアを通じて情報が広く拡散していることが求められたが[60]、一部ではより広く公開に向かうメディアを通じての単なる形式的な公開行為があれば、十分とみられている[61]。これに対し、有価証券取引法第 13 条第 1 項の理由書が提案する一つの基準は、いわゆる範囲内での公開性 (Bereichsöffentlichkeit) の確立に焦点を合わせる[62]。すなわち、公表の名宛人の範囲は、「広く投資者公衆(ら)」ではなく、「市場関与者(ら)」に求められるべきである。市場関与者は、それぞれが現実のまたは潜在的な投資者であり、かつこうしたことは多少なりとも確実には広拡散的マスメディアを通じてのみ達成されうるから、この範囲内での公開性の構想の根底には、明らかに、市場関与者という狭い概念がある。このことを裏づけるのが、理由書中で述べられた予測の中にもあり、それは、態度表明を求められた市場関与者の取引を通じて、情報は急速に問題となる有価証券の価格に反映するというものである[63]。従って、範囲内での公開性という着想を具体化すると、既にそれが市場関与者の不特定の範囲で知られている場合、ある事項が知らされたものとみなければならないであろうが、このことは、その情報に現実に、より広い意味における各市場当事者がアクセスしていなければならないということを意味しない。

裁判所は、公開性という基準で、それが理由書中で起草され、そして上で具

---

59) EC 加盟諸国におけるこの問題の取り扱いにつき、WYMEERSCH, aaO (註 32))、S. 112 ff. にある指摘を見よ。
60) そうであるのが、例えば SCHÖDERMEIER/WALLACH, EuZW 1990, 122, 123.
61) HOPT, ZGR 1991, 17, 30.
62) Begründung, BT-Drucks. 12/6679, S. 46.
63) Begründung, BT-Drucks. 12/6679, S. 46 には、次のような明確な推論がある。すなわち、「従って、保護の方向を顧慮すると、広範囲にわたる公衆が...情報を知る機会を有していたことは、必要ではない」。

体化された通りのものであるというように、まず拘束されてはいない。これを越えて、範囲内での公開性という着想が直面しかねない異議があり、それは、その基準はおそらく内部者の範囲を拡張するにはふさわしいが、しかし内部者取引を完全に排斥するにはふさわしくない、というものである。それでも、範囲内での公開性という基準の採用に賛成する、次のような説得的な諸理由がある。一つは、これが実践可能な基準を提供するという点であり、その一方で、広い公開性を備えた情報が現実のものとなったとみることのできる時点は、ほとんど決定できない――（もちろん法律に定められていない）手続を用いて、ある事項が公にされてから所定の期間が経過している場合に、その事項が公に知られていることをはじめて受け入れるというのであれば別である[64]――という点である。もう一つは、広い公開性という着想の背後に潜む観念は、投資者公衆の情報上の平等な取り扱いの確立であり、情報を利用するに際しての機会の平等が保障されるというほどのことであるが、これは単なる妄想に他ならないという点である。すなわち、内部者事項を公表するそれぞれの形式で、取引を機敏に行えるところの近くにいるため、そして情報上優位にあるため、問題となる情報を利用する際に、その他の投資者よりも迅速に反応できる市場関与者が存在するのである[65]。このように囲い込まれた情報を利用する利益は、確かに、それはそれで（今言及したばかりの方法で）内部者事項を公にすることと、内部者法上の公開性の確立との間に、所定の時間が経過しなければならないとすることを通じて妨げることはできるが、もたらされる不利益も必然的に伴う

---

64) 公開後 24 時間の待ち時間という、これに対応する手続は、アメリカ合衆国から引き継いだものである。この指摘を、例えば CLAUSSEN, ZBB 1992, 267, 276 及び HOPT, ZGR 1991, 17, 30 で見よ。アメリカ合衆国においても、もちろん、この手続に、法律上の強行規定が根拠としてあるわけではなく、むしろいわゆる自己規制機構（self regulatory organizations）であるという指摘があるにすぎない。これに関連してアメリカ合衆国においても存在する法的不安定性については、その余の証明を付す Loss, Fundamentals of Securities Regulation, 2. Aufl., 1988, S. 841, 842 Fn. 63 を見よ。
65) この視点に関し、より詳細には D. SCHNEIDER, DB 1993, 1429, 1430 ff, 1434.

ものであり、問題となる期間中、内部者の範囲が時々刻々と劇的に大きくなるであろう[66]。

ここで賛成された範囲内での公開性という着想から、いくつかの実践的な結論を引き出すとすれば、内部者事項を、既に公に知られたとみてはならないのは、ある企業が、例えば何人かのアナリストやジャーナリストを集め、もって彼らに問題となる事項を報告する場合であろう[67]。同じように、記者会見で伝えられた諸情報が、発表とともに既に公に知られたと認めることはできない。会見に誰でもアクセスできるような場合ですら、内部者事項の発表の時点では、ある特定の数の人だけに知る可能性があるにすぎない。問題となる諸情報が通信社その他の配信局に提供される場合、問題となる内部者事項がはじめて公にされたとみられるべきであるのは、これがそれぞれ代表を送り込んだ電子メディアまたはペーパーメディアにおいて、一般にアクセスできる形で発表されているときである[68]。これに対して必要とされないのが、前記メディアにつき、これに私人たる投資者が現実にアクセスし、または継続的にアクセスしていることを問題とすることである[69]。

---

66) それに付け加えると、そのような期間は、より長く決められればそれだけ、内部者にとって不適切な障害となるに至る。このことはくり返し、まさに有価証券取引法第 13 条に見ることができるような極めて広い内部者概念をとるに際して、疑義をもたらすきっかけとなっている。また、これと類似するのが、SUTER, Insider Dealing in Britain, 1989, S. 102.
67) しかし、そうである(もちろん反対にあっている)見解があり、これについては商業新聞 (v. 2./3. 4. 1993, S. 16) において報告されている。発端は、おそらくこでもまた CLAUSSEN, DB 1994, 27, 29.
68) CLAUSSEN, ZBB 1992, 267, 275 は、既に、「供給 (Einspeisung)」を、例えば相場テレタイプまたは代理流布 (Agenturverbreitung) それ自体で足らしめようとする。
69) またそうであるのが CLAUSSEN, ZBB 1992, 267, 276 で、EC 内部者指令第 1 条第 1 号に定められていない法概念につき、DFVA の定義カタログに対応した草案である Börsen-Zeitung v. 28.1.1992 を指示する。これと同様であるのが Begründung, BT-Drucks. 12/6679, S. 46 (これについては前述註 63) をも見よ) である。

(2) 発行者または内部者証券との関連

更に、内部者情報とは、「内部者証券の一人もしくは複数の発行者または内部者証券と」関連がみられる事実だけをいう。問題となる情報源が発行者たる企業の範囲の内にも外にもありうることは、ただ企業及びその有価証券の評価にとって意義がある限り、問題外である[70]。この関連で、場合によっては疑わしいものでありうるのが、いかなる範囲で、いわゆる市場データまたは市場情報もまた、発行者及び内部者証券と関連をもつ情報の一部となるのかという点であろう。ここで問題となる諸情報は、市場の大枠条件(ファンダメンタルズ)または市場それ自体についてのものであって、間接的に発行者及び内部者証券の関係に触れるにすぎないものである[71]。そのような事項がEC内部者指令の下でも重要な内部者事項として主に考えられていたならば[72]、EC内部者指令第1条1とほぼ文言の同じ規定である有価証券取引法第14条第1項につき、これと異なることは、まず認めえない[73]。その上、これと異なる見方はすべて、指令を不適切に移植するという危険を引き起こさざるをえないであろうし、どのみちこれを越えて、その他の加盟国の移植実務と矛盾するであろう。けだし、関連する多様な市場データは、比較的企業や資本市場よりの出来事から、むしろ企業や市場とは離れた政治的な事件または自然現象にまで及びうるから、自然なのは、制限的な基準を探り、内部者法上重要なものを内部者法上重要ではないものから分離しようとすることである。これに関する試み[74]は、それでも、

---

70) Begründung, BT-Drucks. 12/6679, S. 46.
71) 市場データを分類する試みが、Tippach, WM 1993, 1269, 1270 に見られる。
72) 例えば、Claussen, ZBB 1992, 267, 274, 277; Hopt, ZGR 1991, 17, 31; Ders., FS Heinsius, S. 289, 290; Ders., FS Beusch, S. 393, 397; P. Welter, aaO (註21)), S. 324; Wymeersch, aaO (註32)), S. 115 f. これと異なるのが、Suter, aaO (註66)), S. 288.
73) 同様であるのが、Claussen, DB 1994, 27, 30.
74) なおもEC内部者指令を基礎として展開され、そして「複数の有価証券」(指令第1条第1号)というメルクマールの解釈と結びついた、Tippach, WM 1993, 1269, 1271 の提案は、説得的なものではないが、これは、有価証券に関する、確たる輪郭をもった範囲に関連をもつ市場データのみを把握するというものである。

有価証券取引法第13条第1項において相場へ重大な影響を与えるにふさわしいというメルクマールをもって論じられている視点を越えるものではなかろう。結局、これをもって確認できるように、発行者または内部者証券との関連というメルクマールに、内部者事項として諸情報を性質決定する際に、独自の意義は帰属しない。

(3) 相場へ重大な影響を与えるにふさわしいこと

内部者情報は、最後に、それが公に知られることになる場合には、内部者証券の相場に重大な影響を及ぼすのにふさわしい事項だけをいう(有価証券取引法第13条第1項)。この基準の具体化は、新しい内部者法の適用に際して、もっとも困難な任務に属するものであり、そしてこれに応じて法的に様々な解決提案に向かうのも、もっともなことであろう。これに対し、まずは一致して確認されていると思われるのは、一つの知られていない事項が知られるところとなった場合にもつ、相場へ影響を与える可能性が客観的な尺度により行われるべきことである[75]。はるかに重要な課題をもたらすのが、いつになると、ある事項が、それが知られるところとなった場合に証券の相場に重大な影響を与えるのにふさわしいものとなるのかという点である。起点となる所見によれば、このメルクマールに二重の機能が帰属する、すなわち、些細な諸事案を排斥し、そして一般に (in abstroco) 相場へ影響を及ぼすのにむいたあらゆる情報を、内部者事項へと高めるものではない[76]。かかる出発点には、このように争いがないかもしれないが、それでもなお、ある事項が相場へ影響を与える可能性を判断するための、一つの明確で客観的な事前のテストを公式化することは、困難である。これに関していうと、そうしたテストを純粋な形において展開できないのであり、そしてこれに代えて、複合的な手続に拠らなければならないということで、妥協しなければならないであろう。この手続は、かようにみることができよう。すなわち、はじめの一歩で、現実の相場の動きが判断すべき取引

---

75) HOPT, ZGR 1991, 17, 32 (客観的に事後的な予測)；不明確であるのが CLAUSSEN, DB 1994, 27, 30.
76) Begründung, BT-Drucks. 12/6679, S. 46, 47.

の後に調査され、そして二歩目で、所定の基準により考慮されるものまたは考慮されないものと性質決定され、これに続いて三歩目で、事前にかつ客観的に考えて、つけ込まれた情報が相場の動きを確認された強さで引き起こすであろうことに反対する諸事情が、取引前に存在しているか否かという点が問われる、と。もちろん、そのような事案において、依然として疑わしいのが、いかなる相場の動きが考慮されるものと性質決定されるべきかという点である。文献においても[77] 政府草案の理由書においても[78]、一つの、そしてその限りでは徹底的に実践可能で意味のある基準が提案されている。すなわち、これが依拠する閾値は、眼前の委任事務に基づき、最後につけられた相場から予見可能なずれをプラス及びマイナスの記号を付して明らかにすることが、相場仲立人に義務づけられる値である[79]。実際に前提にされうるのは、そのような相場仲立人の義務が、単に趨勢を知らせるという機能に尽きるものではなく、むしろ、相場の終値から見込まれる通常のものではないずれがあることを信号として伝え、もって市場関与者に彼らの計画の再検討と新たな決定とを認めるという任務をもつことである。そのような付記は、5％以上の相場の振幅が見込まれると、つけられている。問題となる相場仲立人の義務を上述の意味で理解する場合、既に相場仲立人の指摘義務を基礎においたものより、高い閾値を選択する契機は、何ら存在しない[80]。この他、これとは別の態度が、デリヴァティブま

---

77) CLAUSSEN, ZBB 1992, 267, 277 ff.
78) Begründung, BT-Drucks. 12/6679, S. 47（有価証券取引法第13条第1項について）。
79) ドイツ有価証券取引所での行為についての諸条件第8条第1項を見よ、その転載は BRUNS/RODRIAN, aaO（註12)), Nr. 470 にある。例えば株式の場合、予想される相場の上昇が、5〜10％のとき、「+」ないし「./.」をもって、10〜20％のとき、「++」ないし「./../」をもって、20％以上のとき、「+++」ないし「./../../」をもって明らかにされるべきである。
80) このため CLAUSSEN, ZBB 1992, 267, 278 が、相場の終値から15％のずれがあるときにはじめて、顧慮される相場の変動があると認めようとし、そしてそのために、5〜10％の範囲における変動を示すことはせいぜい透明性の要求の移植に資するものであるということを引き合いに出す場合である、とするのは、説得的ではない。仮にそうであるとしても、後の点は、確かに、予想されるずれが14％の場合、なくならないであろうし、そのときは警告の付値に転化することになる。

たは確定利付き証券の取引について、とられるべきではなかろう[81]。前節で言及された市場データは、通例、それが公に知られるようになる場合に、5％以上の有価証券の相場の動揺を引き起こすにはふさわしくないものであろう。

(4) 公に知られた事項につけ込むこと

内部者事項に属しないものに、公に知られた諸情報につけ込んで獲得される、諸々の評価がある(有価証券取引法第13条第2項)。金融アナリスト、ジャーナリスト、または投資者で、公にされている情報を彼が分析したところに基づき、ある有価証券に所定の評価を下している者は、このため、内部者事項を示すような情報を作り出してはいない。もちろん、この（EC内部者指令の衡量根拠[82]における、これに対応した熟慮を取り上げている）記述を理解するにあたり、第三者がそのような評価を利用できることを知っていることが、所定の諸要件それ自体の下にあっても内部者事項ではありえない、とされてはならない。すなわち、専門職の編集局員であって、排他的に公に知られている諸情報で支えられている、公表寸前の状態にある企業評価を知る者は、このため、おそらく内部者情報なるものを扱える者でありうるのである[83]。

d. 内部者証券

内部者証券として顧慮される有価証券を書き換えることで(有価証券取引法第12条、第2条)、内部者法はその実質的適用範囲を略述し、そして、特にいかなる市場及び取引がこれにより把握されるのかという問いに対して答えている。有価証券市場がその機能を果たす能力を保障するという、内部者法の目的設定

おそらく有価証券取引法第13条第1項に関する理由の印象では、CLAUSSEN, DB 1994, 27, 30 は、今ではともかく10％だけの変化で足りるとする。しかし、これもまた、前述の諸理由に基づき、説得的ではない。
81) CLAUSSEN, DB 1994, 27, 30; DERS., ZBB 1992, 267, 279.
82) EC内部者指令第13条の衡量根拠。
83) そうであるのがまた、CLAUSSEN, ZBB 1992, 267, 276; HOPT, ZGR 1991, 17, 34; DERS., FS Beusch, S. 393, 410. これにつき一般的には、既に註56)にある。

に、ドイツ内部者法は、EC 内部者指令第 1 条 2 (a.E.) が求めるように、組織化された取引所の市場を内部者法の保護領域に含めるだけでなく、指令に基づくしかるべき義務が存在するわけでもないのに[84]、これを越えて、店頭取引をも把握する[85]。これには、問題なく同意されるべきであるが、けだし店頭取引は主に第三の取引所の市場部分として理解され、そしてこの市場における不都合は必然的に組織化された市場の風評にも影響を及ぼさずにはおかないからである[86]。既に取引所で免許され、また店頭取引に含められた有価証券の取引と並んで、本法律が把握するものには、いわゆる発行による (per Erscheinen) 取引もある[87]。何の疑いもなく、これに含めることが正当なものには、有価証券取引法第 12 条第 1 項において把握される有価証券から派生する、（証券化された、または証券化されていない）デリヴァティブ、すなわち譲渡可能な権利または手段もある[88]。ここで把握されるものは、例えば、新株引受権及びオプション（有価証券取引法第 12 条第 2 項 1）、所定の諸証券から構成される株式パック (Aktienkorb) の配当等にあずかる権利（有価証券取引法第 12 条第 2 項 2）、金融先物取引のうち、有価証券や指数を対象とするもの（有価証券取引法第 12 条第 2 項 3）、そして最後に、先物取引のうち、取引に際して有価証券の取得または処分に関する義務が存在するものである（有価証券取引法第 12 条第 2 項 4）[89]。もちろんこれらのデリヴァティブが内部者証券であるのは、デリヴァティブそれ自体も、それに関連する証券も、把握された取引所の市場で取引を

---

84) これに対し、Hopt, ZGR 1991, 17, 41 は、取引所法第 78 条を指摘して、指令が既に店頭取引を含めることを要求していたことを前提とする。
85) 含めることに賛成するものに、既に Claussen, ZBB 1992, 267, 280; Hopt, ZGR 1991, 17, 41; Hübscher, aaO (N. 21), S. 329, 337 がある。
86) Begündung, BT-Drucks. 12/6679, S. 46 を見よ。
87) 個別的には、有価証券取引法第 12 条第 1 項第 2 文を見よ。そうであるのがまた、前掲（註 13））の 1988 年の新たな表現形式における、EC 内部者取引指令第 2 項目第 2 号第 2 文である。
88) これにつきより詳細には、Claussen, ZBB 1992, 267, 280; Ders., DB 1994, 27, 30.
89) これについて、Begündung, BT-Drucks. 12/6679, S. 45f. をも見よ。

免許されているか、または国内の店頭取引に含められている場合に限られる[90]。

e. 禁止される法律要件事実

前に論究された概念と結びつくと、固有の禁止法律要件事実において、内部者に対し、ある一定の行動態様が、内部者証券にまつわる内部者情報とつきあう上で禁じられる。ここで、当の有価証券取引法第14条は、既に前項[91]で述べられた意味において、第一次内部者と第二次内部者とを区別する。

(1) 第一次内部者

第一次内部者に対し、まず禁じられるのは、彼のもつ内部者情報につけ込んで、内部者証券を取得または処分することであり、それが自己のためであるのか、他人のためであることを明らかにして、またはこれを隠して行うのかは問われない(有価証券取引法第14条第1項1)。内部者情報なるものにつけ込むという概念に帰属するのが、有価証券取引につながる内部者情報を利用する様々な形式の間で、内部者法上重要なものとそうでないものとを、広範囲にわたって選択する機能である。誰かがある内部者情報につけ込んでいるといえるのは、わずかに、内部者情報が取引を行う者により、これによって自らのまたは他人のために経済的利益——もし、その情報が公に知られていたならば、あげることのできなかった利益——を手にすることを予測し、かつ目的として利用されている場合だけである。これは他方で、内部者情報という情報の属性を知っていることを要件とする。更に、これに加えられなければならないのは、有価証券取引が自己または他人に特別な利益を得させるという目的をもって行われることであるが、この利益は、その情報が公に知られていないことに依拠し、そして有価証券市場での投資者の機会平等を保障するための行動義務をないがしろにすることに依拠するものである。それでも必要とされないのは、内部者が、

---

90) 参照されるのは、Begündung, BT-Drucks. 12/6679, S. 46 である。免許ないし算入は、ここでもしかるべき申立ないしその公的な広告と同等の地位にある、有価証券取引法第12条第2項第2文。

91) 前述 III.1. を見よ。

利益を得ようとして取引を行うことを越えて[92]、現実に利益をあげていることである[93]。ある者が、自らの決断に関して、またはある企業が当該決定に関して、そもそも内部者でありうるか否かという点からして争いうるとき、いずれにせよ機会平等の思想を、法律に違背して害するという点に欠けるので、問題とならなくなるのは、そのような決断または決定を遂行する上で、何ら内部者情報なるものにつけ込んだとみられるべきではない、という点である[94]。このため、パケット取引（Pakethandel）や[95]、相場保護措置[96]といった措置も、内部者取引の禁止の適用領域から除外される。これと同じ方法で内部者知識につけ込んでいないとされるのは、誰かが彼の職務活動の特性に基づいて内部者情報を入手しているが、それは彼の職務上の義務に対応するにすぎず、しかも特別な利益の入手を指向することなく利用する場合である。これに属するの

---

92) ここでの通りであるのが、HOPT, ZGR 1991, 17, 42. 見解を異にするのが、CLAUSSEN, ZBB 1992, 267, 281; DERS., DB 1994, 27, 31.
93) 同様であるのがCLAUSSEN, ZBB 1992, 267, 281; DERS., DB 1994, 27, 31.
94) そうであることをやはり明示しているのが、EC内部者指令第11条の衡量根拠及びBegründung, BT-Drucks. 12/6679, S. 47である。これに対応する明示の解放を含んでいたのが、EC内部者取引指令第1第2号bである。
95) 明確に際立たせる必要があるのが、例えば職業バイヤーの介入がないこと、または「多額の、そして企業当事者の取引については、典型的な形で等価値の情報状況にある者が対峙している」(CLAUSSEN, ZBB 1992, 267, 282, EC内部者指令第2条第3項との関連)ことを理由に、パケット取引は一般には内部者取引の禁止から解放されていない、ということである。一つには、ドイツ法は第2条第3項の意味における職業バイヤーの介入の必要——これについては、後述III.2.d.(3)をも見よ——を知らないことであり、その他には、パケット取引もまた内部者知識に動機づけられているということが排斥されていないことである。ドイツ法は、つまり、取引を取引所または職業バイヤーを通じて行っている匿名の市場関与者のみを保護しているのではないのである。パケット取引との関連におけるEC内部者指令第2条第3項につき、また、HOPT, ZGR 1991, 17, 43 f.
96) 同様であるのが、Begündung, BT-Drucks. 12/6679, S. 47; また、EC内部者指令第12号衡量根拠である。更にCLAUSEEN, DB 1994, 27, 31; HOPT, ZGR 1991, 17, 46; DERS., FS Heinsius, S. 289, 290 f. これとはまったく異なる、ここで取り扱われるべきではない一つの問題が、会社法上及び取引所法上の、相場に配慮する措置の許容性である。これについてはいずれにせよ内部者法上のそれとは異なる諸熟慮が行われるべきである（これにつき、LUTTER/GEHLING, WuB II A. §71 a AktG 1. 92を見よ）。

が、例えば、相場仲立人、店頭仲立人、またはいわゆる市場メイカー（market-maker）[97]の諸々の行為である。しかしいずれにせよ、ここで把握される事案には、内部者知識を扱える金融機関のバイヤーが、ある顧客の指図を遂行するにすぎないというものもある[98]。有価証券取引法第 14 条第 1 項 1 の禁ずる内部者情報の利用が、ある有価証券の取得または処分につながるものに限られる場合、これは、誰かがある内部者情報に基づいて内部者証券の取得または処分を見送るという事案を把握するものではない[99]。EC 内部者指令に合致するという点で、ドイツ内部者法が第一次内部者及び第二次内部者に命じるのは、せいぜい、有価証券行為を行うためにある内部者事項を彼が知っていることにつけ込むことである。このため、内部者知識のその他の利用方法は、総じて、いずれにせよ有価証券取引法上の内部者法に関する諸規定によれば、許されている[100]。

有価証券取引法第 14 条第 1 項 2 は、これを越えて、内部者情報の提供[101]をも禁ずる。この法律要件事実が充たされるのは、第一次内部者が、内部者事項を、あるその他の者に権限なくして伝えるか、またはアクセスさせる場合である。後者の実行形式は、前者のそれを概念上も取り込んだものであり、これをもって把握される諸事象には、誰かが、諸事情を知りつつ、他の誰かに、内部者事情へのアクセスをはじめて可能にするような諸条件を作り出すというだけ

---

97) そうであることを明示するのがまた、Begündung, BT-Drucks. 12/6679, S. 47 である。
98) 同様であるのが、Begündung, BT-Drucks. 12/6679, S. 47; また、EC 内部者指令第 12 号衡量根拠であり、そしてこれにつき HOPT, ZGR 1991, 17, 46. 前掲 1988 年の EC 内部者指令第 1 号第 2 a（註 13））もまた、この事案につき一つの明示的な解放を定めていなかった。有価証券行為、ここで取り扱われていない諸事案である、投資相談、及び投資仲介の関連における利益抵触の、内部者法に適合した克服につき、より詳しくは（EC 内部者指令と関連したにもかかわらず）、HOPT, FS Heinsius, S. 289; DERS., ZGR 1991, 17, 69 f. を見よ。
99) 見解を異にするのが、CLAUSSEN, ZBB 1992, 281. おそらくここでの通りであるのが、HOPT, ZGR 1991, 17, 45; しかしおそらく異なるのが、DERS., FS Heinsius, S. 289, 293; はっきりしないのが、DERS., FS Beusch, S. 393, 401.
100) ここでの結論に批判的であるのが、HOPT, FS Heinsius, S. 289, 307 ff.
101) ここで問題となるのは、EC 内部者指令第 3 条により用いられる概念である。

のものもある[102]。そうしてみると、この法律要件事実において扱われる行動方法の定めが困難に直面するといっても、それは、いかなる要件の下で、ある事実を伝えること、またはアクセスさせることが、権限あるものとなり、または権限のないものとなりうるかという問いに対して答えるほどには、困難ではない。EC内部者指令第3条aを顧慮すると、その答えが求められるべき方向は、少なくとも見出される。すなわち、特典をもつ指令が禁止することを求めているといっても、それはわずかに、内部者を通じての情報の提供が「彼の仕事もしくは職務の遂行上、またはその任務を果たすために、通常の範囲においては行われていない」という限りにおいてである。これが内部的な企業の情報の流れにとって意味するところによれば、かかる情報の提供が許容されるとみられるべきであるのは、それが法律により定められているか[103]、または一般的経常的な事業の進行に対応するという範囲に限られる。内部者法の目的設定に完全に対応するところを越えて、潜在的な内部者の数をできるだけ少なく評価しようとするならば、更に、経営上の要請から必要とされる内部者事項の提供だけを「通常の」または「経常的な」ものとみることとなろう。これと同様のことが、外部への内部者事項の提供にあてはまる。すなわち、一方で、弁護士または会計監査人に内部者事項を知らせることは、通常かつ不可欠のことであるが、これに対して、権限のない、そして不当な内部者事項の提供とみられなければならないのは、ジャーナリストやアナリストが、例えば仕事の見学、対談、またはインタビューの範囲においてしかるべき情報を得ており、このように情報を伝えることが、その直接的な公表を目的に、かつそれを条件に行われているのではない場合である[104]。この提供の禁止は、推奨の禁止を通じて補充されて

---

102) Begündung, BT-Drucks. 12/6679, S. 48 は、これにつき例として暗証番号の開示をあげるが、これは電子的に記録された諸情報へのアクセスを可能とするものである。
103) これにより問題なくカバーされるのは、例えば、監査役会へ内部者情報を提供することである。
104) 内部者情報が公衆に対し、しかるべき取引を通じて有価証券の価格に現れていることを通じてのみ、公にされている場合には、この意味における公表ではな

いる。もし、第一次内部者に対し、彼が内部者事項を知っていることを基礎として、第三者に推奨を行うことが禁じられていないとすれば、彼は極めて容易に、提供の禁止に反することなく、内部者でない第三者が推奨を形に変えることから引き出す利益にあずかることであろう。推奨という概念を具体化するにあたっては、直ちに競争制限禁止法典（GWB）第38条第1項第10号のカルテル法上の推奨概念に拠ることができるであろう。これによると、推奨と認められるものは、一方的で、法的に拘束のない表示行為のうち、これを通じて、誰かが、名宛人の意思に影響を及ぼす意図をもって、ある行動が名宛人にとって利益となることを示し、そしてその行動をとるよう勧める、すべてのものをいう[105]。これに該当するものは、わけても、内部者法上の表現慣行では「助言」と呼ばれている。

(2) 第二次内部者

第一次内部者と同様、第二次内部者に禁じられているのは、彼の知る内部者事項につけ込んで、自己もしくは他人の計算で、または他人のために、内部者証券を取得または処分することである（有価証券取引法第14条第2項）[106]。禁止の法律要件事実のかつての表現形式[107]は、EC内部者指令により求められていたのではなかったが、第二次内部者のうち、軽率であったために、用いられた情報で、第一次内部者に発する内部者情報が問題となったことを知らなかった者も含まれていた。そのような法律の表現形式は、実務的な適用上の問題に

いとみられるべきではなかろうが、けだしこのために必要とされる行為は内部者行為であろうし、そしてまさに妨げられるべきものであるからである。そのようなやり取りの、または意見交換を行う場で、アナリストに（なかでも制度上の投資者と結びついている者に）内部者情報を再伝達することは、このため、通例権限のないものとみられるべきである。

105) IMMENGA/MESTMÄCKER/TIEDEMANN, Komm. z. GWB, 2. Aufl., 1992, §38 Rdn. 124 はその余の証明を付す。
106) 従って、禁止される法律要件事実の詳細につき、これに対応する、第一次内部者に対する活用の禁止に関する詳論（前述III.2.e.(1)）を参照することができる。
107) 1993年6月29日の（第1次）草案の表現形式における有価証券取引法第14条第2項（BMF/VII B 5）。

直面するだけでなく、ある特別な情報をもとに有価証券行為を行う者に対し、いかなる範囲でその情報源を吟味し、また事後的に第二次内部者として扱われる危険を犯すべきかという問題に当面させることになったであろう。そこで、立法者は、正当にも、そのような帰結を伴う規定から、距離をとっていることになる。

　第一次内部者とは異なり、ドイツ内部者法により第二次内部者に禁じられていないのが、内部者情報を提供し、または内部者事項を基礎とした推奨を行うことである。EC 内部者指令それ自体は、それ以上の禁止を求めておらず、これを加盟諸国に委ねている[108]。第二次内部者として内部者情報を提供し、または内部者として知っていることに基づいて推奨を行う者は、確かに証券取引法第 14 条第 2 項に反するところがなく、そしてこのために有価証券取引法第 31 条第 1 項第 1 号により罰せられることもないが、しかしこれとともに考慮しなければならないのは、刑法典第 26 条、第 27 条により、彼が、内部者情報を提供している者の、内部者行為に対する教唆犯または幇助犯として罰せられるという点である。このため、第二次内部者が内部者情報とつきあう上で、制裁を受けないと考えられている諸事案のうち、実際上罰せられないままであるのは、専ら第二次内部者が第三者に推奨を行っており、これと情報それ自体の提供が結びつけられていない諸事案である。すなわち、推奨に際して内部者情報に支えられた助言が問題となっていることを、第三者が前提としてるか否かにかかわらず、彼は、単に助言を受けた者として、第二次内部者にはならない。助言を第三者による有価証券取引へと、その形に変えることは、その結果、それ自体何ら可罰的な行為ではないし、そのため、彼については可罰的な教唆または幇助も問題とならないであろう。事態が再び別のものと見られるように思われるのは、推奨または助言を行うことを、助言を行った者及び助言を受けた者との共謀協力があることを理由に、第二次内部者による内部者情報の利用という実行行為と、同様に考えうる場合である。また、これと同様に、こうした共犯

---

108)　EC 内部者指令第 6 条第 2 文。

に関する刑法総則の諸規定が適用できることにより明らかとなる、第二次内部者を処罰できるというイメージを、当の内部者法の規制の起草者は、ほとんど考えておらず、そしておそらくその考えに沿うものでもなかろう。これは、第二次内部者の可罰性を、新たに、そして第一次内部者のそれとパラレルに規制する契機とされるべきであろう[109]。

(3) 波及的諸問題

EC 内部者指令第 2 条第 3 項(第 1 項目)によると、第一次内部者及び第二次内部者に同じようにあてはまる禁止事項は、有価証券取引のために内部者情報につけ込むことである。これは、職業バイヤーが介在して行われる内部者証券の、あらゆる取得及び処分に適用されなければならない。しかし、これを裏返すと、加盟諸国に、かかる禁止の例外とすることが許されている諸々の有価証券取引があって、それらは、職業バイヤーの介在なしに、直接または間接に国家により規制・監督される有価証券市場外で行われるものである[110]。それでも、ドイツ内部者法においては、職業バイヤーの介在を内部者行為の要件とする規定も、職業バイヤーの介在がないことを内部者取引禁止の例外とする規定もみられない。この意味するところによれば、内部者証券に関するあらゆる行為が、いわゆる対面取引 (Face-to-face Geschaft) もまた、その成立または遂行の態様にかかわらず、禁止された内部者行為を示しうる[111]。

EC 内部者指令第 2 条によれば、内部者取引の禁止は、その行為を当該会社の計算で行う旨の決定に関与している自然人に転じられるべきであるが、ドイツ内部者法においては、かかる特典をもった指令に対応する規定が欠けている。それでも、そのような規定が必要とされなかったのは、許されない内部者取引

---

109) もちろんこれとは別個の、層をなして存在する諸々の衡量をもってしてもそうであるのが、連邦参議院の態度表明及び提案である。これにつき前註 34) を見よ。

110) これにつき、CLAUSSEN, ZBB 1992, 267, 281 f; HOPT, ZGR 1991, 17, 43 f. を見よ。

111) このため、ドイツ法は決して指令の特典に遅れているのではなく、むしろ許容される形で(EC 内部者指令第 6 条第 1 文を見よ。より厳格な、または付加的な諸規定は認められている)、これを越えている。

を行うという判断に(肯定的に)関与する者は、既に刑法総則の諸原則により、状況に応じて、共犯(刑法典第25条第2項)[112]、幇助犯(刑法典第27条)、または教唆犯(刑法典第26条)として処罰できるからである[113]。しかし、有価証券取引法第14条、第31条により禁止され、かつ可罰的な取引には、ある内部者が、いかなる形であっても、他の者のためにしているものもある。問題となる決定を把握している者が可罰的であることの要件は、もちろん、彼が内部者事項を知っていたことである[114]。

f. 制　裁

EC内部者指令は、国内の立法者に対し、内部者取引禁止の違反に関する特

---

[112] これが決定に基づいて行われた内部者行為の通常の事案であってよいというように、ある内部者事項の知識を基礎として決定され、内部者証券の取引が実行され、そしてせいぜいある機関の構成員に技術的な説明が与えられる場合には、これはもう刑法典第25条第2項による内部者犯罪行為を共同して実行しているという諸要件を充たしているであろう。そのような事案においては、この決定が既に行為への寄与を示すものであり、そして、司法判断及び支配的見解(その余の証明を付す SCHÖNKE/SCHRÖDERCRAMER, Komm. z. StGB, 24. Aufl., 1991, §25 Rdn. 64 を見よ)が共同正犯関係を基礎づけるために十分なものとは考えないような、予備段階における単なる協力にすぎないものとみることはできない。これと対比できる事案である、製造及び販売との関連において合議機関の判断に欠け、工業的に製造された製品に関与させられていなかった者の刑法上の責任につき、BGH NJW 1990, 2560; OLG Stuttgart NStZ 1981, 2566; CRAMER, aaO (註12)), §15 StGB Rdn. 223; SCHMIDT-SALZER, Produkthafutung, Bd.I: Strafrecht, 2. Aufl., 1988, Rdn. 1.273 を見よ。

[113] 個々の事案において生じる、共同正犯及び従犯の限界画定が困難であることにつき、CRAMER, aaO (註112)), §25 StGB Rdn. 70 ff, 72 を見よ。それでもはっきりしないのは、ただ決定に関与した者であるとの宣告が従犯として考慮されることである、CRAMER, aaO (註112)), §25 StGB Rdn. 76 はその余の証明を付す。

[114] 代理権限のある機関に、団体人の「人的な身分、関係、または事情(特に人的なメルクマール)」を計算に入れる刑法典第14条の関連の下にあっても、この点に何らかわりはありえないが、けだし、主観的に共同正犯となるメルクマールは、刑法典第14条を通じて人的な関係を放棄できないものとしているため、刑法典第28条第1項における誤解を招きやすい刑法典第14条の指定に反して、包摂されえないからである。これにつき、その余の証明を付す SCHÖNKE/SCHRÖDER/LENCKNER, Komm. z. StGB, 24. Aufl., 1991, §14 Rdn. 8 を見よ。

別な制裁を指示せず[115]、違反を処罰し、これによりしかるべき規定の遵守を十分に促すことが保障されていることを求めるにすぎない。立法者は、既にこれまでのところで述べられたように、内部者行為の刑法上の処罰につき、5年以下の自由刑または罰金をもってすると判断し(有価証券取引法第31条)[116]、そしてこれで問題なく、EC内部者指令の意味における、内部者行為禁止の違反に対する十分な制裁を確立している。内部者行為に刑法上の制裁を課すことは、わけても刑法典第73条ないし第75条の諸規定が適用されることを可能にするが、これらは、違法な行為の行為者(または共犯)により入手されたものの没収に関する規定である。従って、内部者行為からくる利得は、国家に没収される。更に、制裁の規制で注目に値するのは、これが、有価証券取引法の第一草案[117]に反して、第一次内部者に課された禁止に対する違反と、第二次内部者のそれとの区別を断念している点である。このことを正当化することのできる熟慮は、禁止に違背した内部者行為の重みが、専らいかにして内部者が内部者知識をもつに至ったかに左右されるわけではない、というものである。これに対し、意外に思われるほど高いのが、蓋を開けてみて分かった、量刑の範囲である。5年以下の自由刑という処罰をもって、ドイツ内部者法は、その他のEC加盟諸国における刑事処罰の程度を越えるだけでなく[118]、その他のこれと対比できる経

---

115) EC内部者指令第13条。これはもちろん、指令の英語の表現形式を指示して──この中に「罰(penalties)」に言及がある──争いがなかった。これで刑罰が理解されるべきか否かという点は、ドイツの立法者が内部者違反に刑法上の威嚇を肯定するとの判断に直面し、もはや関心をもつ必要がない。EC内部者指令の下での事態の見方につき、例えば、Hopt, ZGR 1991, 17, 55 ff; Ders., FS Beusch, S. 393, 401 ff.
116) 内部者取引の禁止に対する違反は、このため、いわゆる公犯罪(Offizialdelikte)(この概念につき、例えば、Schönke/Schröder/Stree, Komm. z. StGB, 24. Aufl., 1991, §77 Rdn. 1)であり、そしてそのために職権で訴追されるべきである。
117) 1993年6月29日の(第1次)草案の表現形式における有価証券取引法第40条(BMF/VII B 5)。
118) いくつかの概観は、Heldmann, SJZ 1992, 305, 308FF; Wymeersch, aaO (註32)), S. 118 ff.

済犯罪行為との関連でみた程度をも越えるものである[119]。

　刑法上の処罰をとってみると、ドイツの規制は確かに上流社会にあるように見えるが、けだし全EC加盟国の内部者規制はいずれにせよ内部者行為に対する刑法上の制裁をも予定しているからである[120]。従って、新たに内部者行為を刑事訴追することに対する一般的な疑義に立ち入っても、無為である[121]。嘆かわしかろうと否とであろうと、ますます、そしてまさにその他の制裁手段が非実効的で予防効果に欠けるために、資本市場に関連する行動義務を貫徹させる刑法上の手段を投入することも、強く求められる傾向にある。いずれにせよ、刑法上の制裁以外のものを、内部者法は排斥していない[122]。このことは、とりわけ、内部者に対する損害賠償請求の主張にあてはまる。すなわち、損害賠償請求の法的な根拠及び内部者行為に際しての損害の調査が突きつける諸々の困難は、十分に知られており[123]、そして刑法上の解決を選択する理由の一つであ

---

119) せいぜい不当競争禁止法第17条第4項において――これは特に重大な、企業秘密漏洩の諸事案を、5年以下の自由刑をもって威嚇するものである――平行性が見られるくらいである。
120) これに対応する刑法上の制裁は、今ではデンマーク法にも見られるのであり、これは、この関連では(ドイツ法と並び)長い間唯一の例外(なお参照されるのは、WYMEERSCH, aaO [註32)], S. 118；また BLYT/CLAUSEN in: Gaillard [Hrsg.], aaO [註21)], S. 49, 73 の概観である)をなしていた(デンマーク取引所法第44条、第44a条)。
121) 例えば、そのつどその余の証明を付す HOPT, ZGR 1991, 17, 57 f; DERS., FS Beusch, S. 393, 402; HOPT/WILL, aaO (註10)), S. 168ff; KIRCHNER, FS Kitagawa, 1992, S. 665 ff, insbes. 677 f; VOLK, ZHR 142 (1978), 1 ff. を見よ。スイスの視野からは、FORSTMOSER, ZGR 1989, 124, 131; DERS., SAG 1988, 122, 124 f.
122) これらはいわゆるホーン報告 (Hoon-Bericht) において、それどころか明示的に必要とされていた、Europäisches Parlament, Sitzungsdok., 5.5.1988, A 2-0055/58.
123) 例えば、*Arbeitskreis Gesellschaftsrecht,* aaO (註15)), S. 13 ff; HASSLINGER, Zivilrechtliche Ansprüche gegen Insider, 1978; HOLSCHBACH, NJW 1973, 2006; HOPT/WILL, aaO (註10)), S. 87ff; JENCKEL, Das Insiderproblem im Schnittpunkt von Gesellschafts — und Kapitalmarktrecht in materiell — und kollisionsrechtlicher Hinsicht, 1980, S. 31 ff; WILL, NJW 1973, 645, 646 ff を見よ。KIRCHNER, FS Kitagawa, S. 665, 679 により行われた、損害を根拠づける試みは、内部者が公表義務を怠ることに依拠するものであるが、これは、それで

る。特に、内部者行為に遭った投資者の損害賠償請求に関する問題は、今後の内部者法の下では、少なくとも二つの観点で新しいものがある[124]。すなわち、一つには、投資者らにとっては、今や民法典第823条第2項の意味における、保護法としての有価証券取引法第14条、第31条の内部者取引の禁止により、一つの明確な請求の基礎が意のままになるという点である。引き合いに出された内部者法上の諸規定が、いずれにせよそのような内部者行為を通じて損害を被った投資者をも保護するという点に（法案所管の財務省から出た、これとは異なる観念に反するが）、何ら疑いはない[125]。その他には、有価証券取引法第14条の内部者取引の禁止が、ありうる対面取引[126]をも把握し、これについては当該投資者だけでなく、説明義務を基礎に、対照的に（in contrahendo）投資者の損害なるものも、より容易に調査できるという点である。それでも、そのような状況は、内部者行為が典型的には取引所の取引施設越しに展開されているであろうという事情を考慮すれば、例外である。とかくするうちに、諸々の困難がそのまま残されている。すなわち、内部者行為に遭った投資者を調査し、そしてその損害を決定することである。従って、有価証券取引法第14条、第31条が投資者のための保護法として考慮されるべきか否かという問題を判断するにあたって、現行の損害調査規制を基礎とすれば、何ら言及に値する、実践的な意義はないであろう。

　　　　も現行法上（de lege lata）一般的にはあまりに根拠のないものであり、そして、有価証券取引法第15条第1項から導かれるというその限りでは、発行者にのみ生ずるものである。その他のEC加盟国における民事法上の制裁に関する概観につき、WYMEERSCH, aaO（註32))、S. 120 ff. を見よ。
124) 有価証券取引法第15条によるアド・ホック開示義務違反を理由に、できるだけ投資者の損害賠償請求を認めることの、まったく別の問題につき、後述V.を見よ。
125) これについては、前述II.2.
126) これについては、註111) を見よ。

IV. 市場の監督と内部者行為の訴追

　内部者取引禁止の遵守を監督し、そしてこの違反を訴追することに責務を負うのは、主として、新たに創設される、有価証券取引についての連邦監督庁である[127]（有価証券取引法第16条、第18条、及び次条）。

　それに、この任務を果たすための情報上の諸々の前提を、本法律は、市場関与者の報告義務を通じて、そして官庁の情報請求権を通じて作り出そうとしている。かくして、国内に本拠をもつ金融機関、外国の金融機関の支店その他国内の一取引所で取引を免許されている企業が義務づけられているのは、これらがECもしくはEEAにおいて、ある取引所市場もしくは店頭取引市場での取引を免許されているか、またはしかるべき（申し立てられ、もしくは公的に広告された）免許の申請により把握される有価証券またはデリヴァティブで行うすべての行為を届け出ることである（有価証券取引法第9条第1項）。内部者取引禁止の違反を肯定する拠りどころがあるとき、連邦監督庁には、前掲の届出義務を負う企業に対し、内部者証券で行われた行為及びこれに関与した者の同定に関して、情報請求権が帰属する（有価証券取引法第16条第2項）。しかし、問題となる企業の、しかるべき情報提供義務の枠内で、官庁は、証拠書類の提出及びその事業空間へのアクセスをも求めることができる（有価証券取引法第16条第3項）。内部者行為の疑いがあるとき、監督庁は、これを越えて、内部者事項の知識を有する者及び内部者証券の発行者ならびにこれとコンツェルン上の結合のある企業に対し、情報開示請求権を行使できるが、それは、これらがその本拠を国内に置いているか、またはその有価証券を国内の一取引所で取引することを免許されているという限りにおいてである（有価証券取引法第16条第4項）。この情報開示請求権の対象は、内部者事項及びその事項を知っている者に関する諸情報である（有価証券取引法第16条第4項）。このようにして調査さ

---

127) 連邦監督庁の組織及び任務は、有価証券取引法第2項目（第3条から第11条）に定められている。将来の資本市場の監督につき、KÜMPEL, WM 1994, 229; DERS., WM 1992, 381 を見よ。

れた者は、他方彼らの側で、行われた諸行為に関する情報の提供を義務づけられている(有価証券取引法第16条第5項)。引き合いに出された情報提供義務が脱落するのは、当該人に、有価証券取引法第16条第6項の意味における情報提供拒絶権なるものが帰属するという要件の下に限られる[128]。

その情報開示請求権を、監督庁は、独自の調査を補助するためにも、内部者違反の訴追を管轄するその他のECまたはEEA加盟諸国の機関の情報提供要請を果たすためにも[129](有価証券取引法第19条第1項第1文)、行使することができる(有価証券取引法第19条第1項第2文)。これとは逆に、有価証券取引法第19条第1項第1文、第2項において引き合いに出されている諸様式により、そして情報提供拒絶権の限界内で、有価証券取引法第19条第3項により、そのような機関の情報提供要請を果たすために義務づけられているのと同じ方法で、その任務の遂行に必要な情報を入手することができる(有価証券取引法第19条第4項)。この他に、監督庁は、内部者規定の監視を委ねられた、ECまたはEEA協定に加盟していない国々の機関との協力についても管轄する(有価証券取引法第19条第5項)。

報告義務または情報提供義務の侵害及び有価証券取引法第16条第3項に掲げられた企業の事業空間にアクセスする権利を無にすることは、有価証券取引法第32条第1項第1項目a、第2項の基準による秩序違反を示し、これは10万ドイツマルク以下の罰金をもって処罰される。しかし他面で、連邦監督庁もまた、監督庁に報告され、また監督庁により調査されたデータとつきあう上で、一定の義務に服する(有価証券取引法第17条、第19条2項及び第4項)。監督庁が、この方法またはその他の方法で、内部者取引禁止に可罰的に違反する疑いを基礎づける事実を知るに至っているときは、これを所轄の検察庁に告発し

---

128) 情報提供義務を負う者が、彼に出された諸問題に答えることをもって、自らを、または民事訴訟法第383条第1項第1号ないし第3号に掲げられた者を、刑事訴追を、もしくは秩序違反法による手続を受ける危険に晒すことを、これは前提とする。

129) しかるべき情報の伝達は、有価証券取引法第19条第2項ないし第4項において提示された基準により、そしてこれを顧慮して行われる。

なければならない(有価証券取引法第18条第1項)。内部者法のうち、とりわけ報告義務及び情報提供義務違反のように、秩序違反を示す規定違反の訴追及び処罰については、連邦監督庁自らが管轄する(有価証券取引法第33条)。

V. 内部者行為を妨げるための予防措置

諸々の内部者行為を、内部者法は、ともかく抑止的な措置をもってだけではなく、予防的な諸措置によっても対応しようとする。禁止される法律要件事実を実効的に監督することが防止的効果を発揮する場合であっても、そうであるのは、その背後に制裁の威嚇があるからにすぎない。その他の方法で、諸々の内部者違反を予防する一つの措置を、有価証券取引法第15条に制定された、取引免許を得た有価証券の発行者の義務が示しており、その活動領域において発生し、今まで公に知られていない[130] 相場上重要な事項を遅滞なく公にするというものである[131]。その根底にある熟慮は、可及的に速やかに、公にされていな

---

130) いつ、ある事項が公に知られ、もはや有価証券取引法第15条第3項により開示義務がないこととなるかという問題の答えについては、範囲内での公開性にまでは遡ることができない。このための根拠は、有価証券取引法第15条によるアド・ホック開示に関する義務が内部者法上の予防目的に資するだけでなく、資本市場を公表するという一般的機能をも担うことにある。ある事項が公に知られていることという概念を指令に適合するように解釈することは、基準とされる取引所許可指令の範囲では、綱領たるC第5aにおいて、明白に、「既に公に知られていることが知られていない」諸々の事実の公表義務を求めている、EG-Börsenzulassungsrichtlinie, ABl. EG Nr. L 66 v. 16.3.1979, S. 21, 29 (Hervorh. v. Verf.)。

131) 更に、有価証券取引法第15条第1項第2文及び第3項によれば、それぞれの新たな、なお公に知られていない相場上重要な事実は、一つには、監督庁及び発行者の有価証券が取引される取引所の取締役会に報告されるべきであり、そしてその他に、少なくとも特定の地域を越えた取引所義務新聞(Börsenpflichtblatt)に公表されるべきであり、そこでは連邦官報において同時にそのような公表することの指摘がなされなければならない。公表義務及び報告義務との関係で、有価証券取引法第15条についての連邦参議院の変更諸提案(BT-Drucks. 793/93 v. 5.11.1993, S. 94)に、連邦政府は、明らかに否定的ではなく、反対している(BT-Drucks. 793/93 v. 5.11.1993, S. 101)。これらは、相場上重要な新事実は、まず取引所取締役会に報告されるべきであり、もって取締役会に

い、ある有価証券の価値にとって重大な諸情報を知らしめることが、内部者行為から実質的・時間的観点において、その基盤を奪い取るということである。

それでも、有価証券取引法第15条の定めは、専ら内部者法上の意義をもつわけではない。すなわち、これが従来の取引所法第44a条の代わりとなるため[132]、これは、将来、いわゆるアド・ホック開示（Ad-hoc-Publizität）を行う企業の義務の法的基礎をなすものである。事実、有価証券取引法第15条は、取引所法第44a条に対し、何ら重大な新味をもたらしていない。しかし、取引所法第44a条とは異なり、有価証券取引法第15条は、一取引所で取引を免許された、あらゆる種類の有価証券を把握する（有価証券取引法第2条第1項における書き換えによる）。更に、今後アド・ホック開示義務の免除に関する判断について所轄の監督庁が審理しなければならないのは、わずかに、その事項を公にすることが発行者の正当な利益を害するか否かという点であるが（有価証券取引法第15条第2項）、その一方で、今までの規制は、この関連で「公衆の利益」を考慮することも強いていた（取引所法第44a条第1項第3文）。アド・ホック開示に関する新規定の、体系上の定位置が内部者法にあることは、これが今後この他に内部者規制に含められる店頭取引にも適用されるということを推定させるが、それでも、この開示義務の従来までの適用範囲に、何ら変更はない。すなわち、これは依然として、その有価証券が公的な市場または規制を受けている市場で取引されている企業に限定されているのである（有価証券取引法第15条第1項、第2条第1項）。

立法者は、有価証券取引法第15条の姿で、EC内部者指令第7条の移植を行うという義務を果たすだけでなく、新規定によって同時に、今まで広く非実効

相場を停止する可能性を与える、というところに行くものである。更に提案されているのは、一つの取引所義務新聞において新事実の公表を義務づけることを断念することであるが、けだし目下の表現形式は、内部者指令を通じても、取引所許可指令（前註130）を見よ）を通じても必要とされておらず、発行者に杓子定規な障害をもって不適切な負担をかけ、そして取引所の取引が問題となる新聞に公表されるまで停止されなければならないということに至るからである。

132）有価証券取引法第2条第22号を見よ。

的なままであった規定である取引所法第44a条を「活性化」[133)]することをも期待している。この期待が不当なものではないということははっきりするであろうが、けだし、一つには、将来連邦監督庁がアド・ホック開示義務の遵守を監視し[134)]、そして他には、これまでの罰金の威嚇が5倍となり[135)]、開示命令違反の事案について50万ドイツマルクとなっているからである(有価証券取引法第32条第1項第1号)。これを越えて、有価証券取引法第15条は、少なくとも民法典第823条第2項の意味における保護法として考慮されなければならないであろうが、少なくとも法文が、目下の場合とは異なり、これを明示的に排斥しない限りはそうであろう[136)]。

---

133) Begründung, BT-Drucks. 12/6679, S. 35.
134) 有価証券取引法第15条の諸規定の遵守の統制を任務とすることは、確かに、(有価証券取引法第16条第1項における)内部者取引の禁止の遵守のそれとは異なり、有価証券取引法において明示的には規律されていないが、それでも、一方では当の官庁がアド・ホック開示義務の処理に取り込まれていること、そして他方では当の官庁が秩序違反法第36条第1項第1文の意味における、有価証券取引法第15条違反の訴追を管轄する行政官庁であることから、明らかとなる。また結論的には、Begründung, BT-Drucks. 12/6679, S. 35.
135) 取引所法第90条第3項(旧規定)。10万ドイツマルクである。
136) 取引所法第44a条旧規定につきまったく圧倒的に、アド・ホック開示義務の違反は民事法上の結論ともなりうるという見解が主張された場合(例えば、BAUM-BACH/DUDEN/HOPT, aaO [註13)], [14] BörsG, §44a Anm. 1; DERS., ZGR 1991, 17, 50; SCHWARK, NJW 1987, 2041, 2045)、これをほとんど文言の同じ有価証券取引法第15条の規定に関して、別に判断するきっかけがない。財務省からはこれと異なる観念が通達される場合、これは、表明されている規定の文言にはまるわけでもなければ、内部者法の規制目的に関する諸熟慮から必然的に導くことができるわけでもない。これとは逆に、有価証券取引法第15条の保護法的性格に賛成する事情は、その中で確立されたアド・ホック開示義務が、公衆及び個々の投資者の時宜を得た情報をももくろんでおり、もって彼らを見込み違いや誤った処理から守っているというものである。またこのことは、もとより取引所許可指令に、既に言及されたアド・ホック開示を「既に知られていること」へ合わせることを配置するものである。前註130)をも見よ。

有限会社の持ち分の包括承継への、先買権及び譲渡制限条項の影響

I. 序

　Wolfgang Zöllner は、その研究が法の根本的問題にも、論理的、実務的な個別問題にも同様にかつ領域を限定することなく向けられている稀な法学者に属する。氏の著作全てに妥当することは、会社法上の、すなわち資本会社の法における彼の研究の重要点にもその都度妥当するものである。それ故、根本的問題と実務的問題とを相互に結びつけているような論文を彼に寄稿するとすれば、非常に多数の祝賀者に場所を与えねばならないという記念論文の拘束を無視しなければならないということになったかも知れなかった。そこで、彼も誰でもそうだが同意することには神経質となるような論争の楽しみがあるけれども、このやり方では支離滅裂になり、しかし、団体法に強くつきまとうことになるような、資本市場と資本会社の結合線に関する寄稿をせずにすませたことを彼は感謝するかも知れない。その代わりに、独自の方法に基づくその実際的意義が、実務的問題としての認識がないこと、論理的洞察が不十分なこと、予防法学的処理が欠けていることと比較をなしている一つのテーマについての寄稿をすることで筆者は彼にとって価値があると思う。ちょうど、コメンテーターの *Wolfgang Zöllner* によそよそしくなく、刺激的でないというわけでもなく、許して頂けるであろうという状況である

　以下の寄稿は、定款上の先買権 (Vorkaufsrecht) 及び譲渡制限 (Vinklierung) が、様々な社員によって保有されている有限会社の持ち分の包括的譲渡に及ぼす影響という問題に取り組んでいる。また、そこから結果として生じる法的問題を解決するための道筋を後述の詳論が示すとしても、この解決方法の提案は、

適切な先例を欠いているが故に、実務にとってはなお重大な法的不安定さに結びついているのである。この不安定さは、基準となる法的規定の継続的な不明確性のため、相応する定款規定を通じて処理される。その限りにおいても、熟慮がなされ提案が説かれるのであり、そうして以下の寄稿が実務的にも法学的にも考慮されるのである。

資本会社の持ち分の取得ないし譲渡の範囲に基づく荒い輪郭のみを示される上述の手法は目下のところ確実に、他の緊急の法律改正又は差し迫った立法者の企図から出される問題提起により重ねられている。注意深さは、株式会社の持ち分の取得に関して、とりわけ新しく、期待される規定の方へ向けられるのである。ここで取り扱う有限会社の持ち分の包括的取得への先買権及び譲渡制限規定の効果は、それにもかかわらず過小評価されすぎてはならない実務的意義を有している。確かに、従前わずかな紛争場面のみしか、(公にされた)裁判所の判決には存しなかった[1]。従って、自ずから不十分な文献のみ[2]しか以下に

---

1) たとえ、常に有限会社に特有の問題提起であるとしても、先買問題性につき例えば BGH NJW 1987, 890-(Dinkelacker-Vorinstanz OLG Stuttgart JZ 1987, 570 m. Anm. *Flume*); LG Offenburg AG 1989, 134 及び OLG Karlsruhe WM 1990, 725 (Burda/Springer). 譲渡限定のテーマにつき例えば BGH WM 1987, 174; OLG Düsseldorf, EWiR §103 AktG 1/97, 405 (*Kort*); LG Aachen, AG 1992, 410 並びに LG Offenburg, a.a.O.

2) 先買問題性につき、とりわけ *Grunewald*, FS Gernhuber, 1993, S. 137ff.; *Westermann/Klingberg*, FS Quack, 1991, 545ff. その他関連して *Burkert*, NJW 1987, 3157; *Pikart*, WM 1971, 490; *Trinkner*, BB 1963, 1236. 新しい学説に基づき提示される関係における譲渡限定のテーマにつき、*G. Hueck*, FS Larenz I, 1973, S. 749ff.; *Kellner*, Die Kontrolle der Entscheidung der Gesellschafterversammlung über die Übertragung von Geschäftsanteilen an einer GmbH, Diss. Tübingen 1994; *Reichert*, Das Zustimmungserfordernis zur Abtretung von Geschäftsanteilen in der GmbH, 1984; *Reichert/Winter*, FS 100 Jahre GmbHG, 1992, S. 209ff.; *Staub*, Die Sicherung des Familieneinflusses auf die Gesellschaft mit beschränkter Haftung durch Kontrolle der mitgliedschaftlichen Übertragungsvorgänge, Diss. Tübingen 1997. それらと並んで、この種の条項の形成につき (*Otto*, GmbHR 1996, 16ff.)、及びあらかじめ定められた相続順位と先買権及び譲渡限定の関係につき(参照 *Müller*, FS Boujong, 1996, S375ff.; *Kowalski*, GmbHR 1992, 347ff.; *Hilger*, FS Quack, 1991, S. 259ff.; *Lessmann*, GmbHR 1986, 409ff.)、膨大な著述が見いだされる。

取り扱われている問題提起に該当する実状のいくつかを公表していなかった[3]。その上、有限会社が有力な企業の法形式を意味し[4]、有限会社として組織される企業の会社契約は、通例先買権及び先取得権を、これを再び持ち分の譲渡の同意のための要件と結びつけるために[5]、社員に有利なようにあらかじめ備えているというのが実状である[6]。以下に記述する種類の紛争場面はそれ故、どのような領域において有限会社持ち分の包括的譲渡が行われるのか、何度そのような取引が、定款上に定められている保護に失敗し、重大な紛争に至るというのか、ということに関する申立が個別的になされていない場合であっても、同様に前もって条件づけられている。

II. 具体的な問題提起

先買権及び譲渡制限は、大抵有限会社の会社契約（Gesellschaftsvertrag）の中で定式化されているが、会社契約が考えているのは、社員のうち一名だけが退社する場合がほとんどである。そのような条項は、有限会社から同様に複数の社員が退社し、かつその持ち分を一括して第三者に譲渡することをもくろむ場合には、争いの原因となる。退社する社員は、相応する持ち分の大きさに従い、包括的にまとめた持ち分の売却の対価として、その単独の売却よりも高い価格を取ろうとするであろう。このことは、通例その包括的持ち分の取得者が、結びつけられた持ち分の取得に伴い、例えば少数持ち分のような、資格づけられた参加を獲得する場合にも、いずれにせよ妥当する。

そのことが提起する問題は、先買権を有する共同社員（Mitgesellschafter）が、

---

[3] とりわけ *Westermann/Klingberg*, FS Quack, 1991, S. 545ff.
[4] その間に有限会社の数は総計 700,000 以上に至っている。Hansen, GmbHR 1997, 832, 833. 有限会社、株式会社の普及の詳細については、*Sethe*, Die personalistische Kapitalgesellschaft mit Börsenzugang, 1996, S. 564ff.
[5] *Reichert/Winter*, FS 100 Jahre GmbHG, 1992, S. 212. 相応する場面の提示は、関連する契約のハンドブックの中にもまた見いだされる。
[6] 参照 *Westermann/Klingberg*, FS Quack, 1991, S. 551.

定款による先買権を包括的売買の際、包括された持ち分の全てにのみ行使可能なのか、それとも部分的に、結合された持ち分の個々に関連して行使可能なのかというものである。もし、後者のように、分割された先買権の行使を法的に許され、承認されているとすると、先買権を有する者は、場合によってその包括的な持ち分をバラバラにすることが可能である。他方、この場合に、先買権者は、不利を受けた社員に、失われた包括的持ち分の価値を補償しなければいけないのか、このような場合があり得ることをどのように予測するのについて判定しなければならない。最後に生ずるのは、共同社員が全体として包括的持ち分の譲渡についての承認を拒絶し、一緒に譲渡される持ち分の個別の売却に同意することを通じて、包括的売却を妨げうるのかという問題である。

会社契約によって根拠づけられる先買権、定款で定められた譲渡制限、包括的な方法による有限会社の持ち分の譲渡の際に生じるこの利害対立を十分に区別し明確にするために、多くのタイプの状況を紹介するのが得策である。その各々において、社員は有限会社の会社契約で先買権を取り決め、持ち分の譲渡を会社の承認に委ねたのであった。

事例1: 三人の社員を有している有限会社をモデルとする。ＡとＢにそれぞれ基本資本の30％ずつ、Ｃに40％が割り当てられている。ＡとＢはその持ち分をまとめてＤに売却した。売買契約において、持ち分は、一体としたもの（連結されたもの）として売却されるはずと取り決められた。Ｃは、Ｂの持ち分に関しその先買権を実行した。Ａ及びＢは、その包括的売却の失敗を防ぐために、その先買権に基づくＣへの譲渡への承認を拒絶し、その持ち分のＤへの譲渡を承認した。

事例2: 再び、三人の社員を有している有限会社をモデルとする。Ａは2％、その配偶者のＢは24％及びＣは74％の持ち分を有している。ＡとＢその持ち分を一体としたもの（連結されたもの）としてＤに売却する。ＣはＢの持ち分に関し先買権を実行する。社員Ｂはその持ち分に対してのみの先買権の分離された実行に反対し、包括的持ち分を取得するか、さもなければ先買権を断念しなければならないという点を主張した。持ち分所有者の領域内へ、新しい社

員は受け入れられ得ないということを理由とし、会社は、Cの議決権の多数をもって、Dの持ち分の譲り受けに同意することを拒絶した。Bの持ち分のCへの譲渡は同意された。

事例3: モデルとなる有限会社はの創立の時点以来、各々が33.3%の持ち分を有する、三つの社員一族を有している。その一つでは、AとBはそれぞれ25%、8.33%を有している。彼らは、会社外のDに持ち分を売却する。社員であるCは、Bの持ち分に関して先買権を実行する。それに対し、AとBはこれらの持ち分の売却額と、完全な包括的持ち分の付加額の支払を要求した。社員総会は、Dへの持ち分の譲渡についての同意を拒絶した。なぜならば、これは有限会社と競合する企業の参加であって、それについてのよい評判がないからである。それに対し、総会はBの持ち分のCへの譲渡は承認した。

事例4: 相続開始及び譲渡に基づき、Modell-GmbHは総計15人の社員を有している。それらの間に相互に血縁関係はない。それぞれその基本資本の13%ずつを有す社員A及びBは、その持ち分をDに売却する。このことは、その持ち分をもって彼が少数株主権を得ることができるということのみを理由とするものであった。社員Cは、Bの持ち分に関してその先買権を実行した。理由を述べることなく、社員総会はBの持ち分のCへの譲渡を拒絶した。しかし、Aの持ち分のDへの譲渡は承認した。

以上の事実関係から利害があるのは、先買権者と先買義務者との法律関係並びにその都度の持ち分譲渡に関する参加者の投票行動だけである。売り主A及びBと買い主Dの法的関係は無視されたままでおかれる[7]。

---

7) それぞれの場合の買い主は、四つの場合において、両者の持ち分を一体としたもの(連結したもの)として取得することのみに利益を有していた。後の詳述によって明らかになるように、先買権者は包括的取得を妨げることができる。もし買い主がこの場合に解除権を有するなら、少なくとも彼に、包括的取得の部分的な不可能性を論じることでその法律効果が妥当する。他の見解は、*Westermann/Klingberg*, FS Quack, 1991, S. 561, これもまた、はっきりとした解除権の留保なくして、解除権を認める。

III. 先買権と包括的取得

1. 先 買 権

会社契約において、各種の優先取得権（Erwerbsvorrecht）、及びその形式を定めることは、社員らの任意である[8]。定款がある優先取得権を規定し、かつ、何らかの方向付けでの会社契約上の合意の解釈に格別の手がかりを提供しないときには、当該条項は、民法典504条以下の意味における先買権と解される[9]。実務上用いられている定款が考えられる優先取得権の中から選択するのが先買権であることは通例明らかである。それ故、これは、後述の考慮の出発点となる。

定款が、誰に先買権が帰属するのか、先買の場面として何が妥当するのかという問題点につき詳細に規定せず、共同社員に一般的な先買権を承認する場合、この先買権はすべての共同社員に属する。その際、持ち分が共同社員に移転されるか、会社外の第三者に移転するかはどうでもよい。会社契約のこのような解釈のために云えることは、先買権の目的は単に望ましくない第三者の侵入を妨げることに存するのではないということである。それどころか先買権はむしろ、有限会社内部における参加関係を維持する目的に資するのである[10]。この帰結は、会社法的考慮は別として、民法典504条の意味における「第三者」概念の定義に関する問題に答えている支配的見解に相応する。それによれば、第三者は、優先売却の場面を形作っている具体的売買契約の当事者であって[11]、その者が会社の一員となっているかどうかはどうでもよいとされている。

---

8) 参照 BGH NJW 1969, 2049; Bay ObLG AG 1989, 173; *Staib* (Fn. 2), S. 201 有限会社法15条5項参照の下、並んで同様な理由づけを伴うもの、*G. Hueck* in Baumbach/Hueck, GmbHG, 16. Aufl. 1996, §3 Rn. 42 及び FS Larenz I, 1973, S. 756f.
9) 同様に *G. Hueck*, FS Larenz I, 1973, S. 761.
10) *Westermann/Klingberg*, FS Quack, 1991, S. 548; Grunewald, FS Gernhuber, 1993, S. 137.
11) 関連判例の詳細を示して、*Westermann* in, Münchener Kommentar zum BGB, 3. Aufl. 1995, §504 Rn. 23; *Schurig*, Das Vorkaufrecht im Privatrecht, 1975, S. 162f.

2. 包括的売却に関する先買権の一部実行

民法典505条2文の意味において示される内容に関する附従性（Inhaltsakzessorität）の原則により、先買権者は原則的として、先買義務者と第三者の間に成立した合意に拘束される。しかし、先買権者による先買権の実行を一体として（連結して gekoppelt）譲渡された会社持ち分の一部に限定することを通じて、先買権者から一部実行の可能性が取り上げられるのかどうかという問題点が存する。この法律問題は、今まで最高裁判所の判決、上級審の判決の対象にもなっていなかった。学説ではその取り扱いが議論されている。

a. 解除権の留保、もしくは先買権の回避としての、持ち分の一体的譲渡？

Westermann/Klingberg の提唱する見解によると、先買権の行使を全体として売却される持ち分の一部に限定することは、民法典506条の類推適用に基づいて可能である。この見解の基礎になっているのは、第三者契約中の「包括条項（Paketklausel）」の方法による持ち分の一体化は、民法典506条の意味における第三者の解除権の留保（Rücktrittsvorbehalt）として説明されうるという解釈である。従って、先買権者は、第三者契約の契約当事者らにより取り決められた一体性に左右されることなく先買権を行使しうる状況にある[12]。ここで、前述の著者らによって今一つの選択肢として考慮されていることは、第三者契約における有限会社持ち分の一体とした譲渡は、先買権の回避（Umgehung）としてみなされ、その結果、会社契約においてあらかじめ持ち分の譲渡制限が定められている場合は、譲渡についての承認が拒絶されることになってしまうことである。このような考慮の基礎となっているのは、先買権が行使されなければ譲渡について義務者は自由になるというようにして、通常の契約規定の中に割り込んで行くことは、「不正な手段による入手（erschlichen）」とみなされてしまうということである[13]。

---

[12] *Westermann/Kliegberg*, FS Quack, 1991, S. 560f. 民法典506条の類推適用についての批判は *Burkert*, NJW 1987, 3157, 3158f.

[13] *Westermann/Kliegberg*, FS Quack, 1991, S. 561.

Westermann/Klingberg は自ら、彼らによって提示された解決方法を完全には確信していないように思える。第一に、これらの解決方法はただ可能なアプローチとしてのみ提示されている。第二に、*Münchener Kommentar* での *Westermann* による時期的に後になされた先買権の注釈においては、これらの解決方法は、もはや注釈者に挙げられた文献の見解の下には存在しないように見える。それどころか *Westermann* は、ここで問題になっている場合の法的取り扱いが民法典 508 条の規定を基礎とすることを、支配的見解[14]と同様に、前期注釈において承認している[15]。この見解の変更は、何ら驚くべきことではない。なぜならば、民法典 506 条の類推の際、回避の命題も、その内容についての附従性の優位も納得しえないからである。もし事例 1 の場合に述べられた売却意思のある社員の状況を、60％ の持ち分を売却しようと意図する多数派社員らの立場と対比するならば、両方の場合において市場が、持ち分の過半数の売却の事実を引き受けるであろうことは言を待たない。もし *Westermann/Klingberg* により考慮される二つのアプローチに従うならば、社員 C は、売却しようとする社員の経済的不利益を填補する必要なく、細分された包括的持ち分を手に入れるであろう。それでもやはり、先買権はその対象を望ましくない第三者の侵入を阻止し、会社内部の参加関係を維持することができるために局限される。それに対して、先買権が会社持ち分の売却に支払う価格に影響を与えることは避けねばならない。もし、社員が先買権の実行の方法で、その参加割合を維持し、もしくは拡大しようとする場合、彼はそのために必要な持ち分の取得のために、市場価格を支払わねばならない。それ故、個々の社員による持ち分の過半数の売却の場合と、及び二人以上の社員の持ち分を一体として売却することによる、過半数の持ち分の売却の場合とは、統一的に解決されねばならない。そのため、利害の公平な解決に民法典 508 条の適用が資するか否か、以下に検討しなければならない。

---

14) *U. Huber* in: Soergel, BGB, 12. Aufl 1991, §508 Rn. 1a; *Grunewald*, FS Gernhuber, 1993, S. 144; LG Offenburg, AG 1989, 134, 137.
15) Westermann (Fn. 11), §508 Rn. 1 Fn. 2, 506 条の注釈においては問題領域についての説明はない。

b. 民法典508条の適用場面としての持ち分の一体的売却

学説においては、ここで取り扱われている問題に取り組むわずかな意見のみしか見いだしえない状況にもかかわらず、一体として売却される持ち分の一部分に限定された先買権の行使に際して問題とされるのは民法典508条の適用場面であるという、このところ支配説とみなされている見解を検討すべきである[16]。

(1) 民法典508条の適用可能性

民法典508条より推察しうるように、先買権が、先買義務者と第三者の間の契約の一部分のみに関する場合であっても先買権の実行の可能性は先買権者の自由である。従って、先買権者は、先買権者によって第三者に売却された目的物の[17]、先買権により把握される部分に、先買権を限定することが可能である。このことは、第三者が、一体として買われた目的物から、先買権によって把握されるものを手放すことを要求されることを意味する[18]。先買権の目的物をまとめて売却しよう、及び取得しようと意図する、先買義務者及び第三者の利益は、確かに先買義務者が契約の分割によって不利益を被る場合、別途保護される（民法典508条2文）。

ここで、有限会社の会社契約において先買権を相互に認容する一方、他方で過半数の持ち分の一体とした売却をするという、問題の生じている状況は、法的に規定されている場合とは区別される。先買目的物の一部のみが、先買権によって把握されるわけではない。むしろ、全ての売却された持ち分に関して先買権者に先買権は帰属する。しかし、先買権者はそれにより、少数株主権を得るために個別的にのみ先買権を行使する。この事実は民法典508条によって把握されるのか[19]という問題に答えるため、まず第一に確認しなければならない

---

16) Fn. 14 及び 15 に明らかである。
17) 先買の「目的物」は売買の目的物の全てであり得る（参照 *Putzo*, in: Palandt, BGB, 57. Aufl. 1998, Vor §504 Rn. 2）。従って、有限会社の持ち分を表す権利も同様である。
18) *Westermann* (Fn. 11), §508 Rn. 3.
19) それに関し、立法者がこの場合もまた508条において把握しようと意図したか否か、民法典の資料の範囲において手がかりを見いだすことはできない。参照 *Mugdan,* Die Gesammten materialien zum Bürgerlichen Gesetzbuch für das Deutsch Reich, Bd. II, 1899, S. LXIII 並びに S. 194, 789ff. 3.

ことは、社員らに、会社契約の規定に基づき実際に売却される持ち分の各々に独立の先買権が帰属することである[20]。民法典508条1文に表されている原則は、過半数の先買権によって把握されている持ち分が、異なった先買義務者らによって売却される場合にもまた妥当しなければならない。先買権者の地位は、法的な評価に従い直接、先買義務者と第三者との間の契約上の取り決めによって縮減され得ない。もし、先買権者Cに二つの独立した個別に実行可能な先買権が帰属するならば、これらの先買権は、民法典508条1文の法的な評価に従い、その都度の一方におけるAとBとの間の、他方におけるDとの間の売買契約中の一体化する旨の合意に関わらず維持される。また二人の持ち分の同時の売却は、二つの先買権を「融合（verschmelzen）」させない[21]。中間的なまとめとしては、それ故、1から4までの出発点となる事例において、社員のCに独立しておりかつ独立して実行可能な社員A及びBの持ち分への先買権が帰属することは、堅く保持されている。

(2) 相違している定款規定？

民法典508条は任意法（dispositives Recht）を形成する[22]。もし、ある有限会社で持ち分が、親族もしくはその他の持ち分所有者グループの手にあることが意図されたならば、民法典508条1文から離れた会社契約上の規制をなすことが考慮されるであろう。そのような規制は、ある一定の社員グループ持ち分の持ち分の一体として売却する場合、その先買権が全てのまとまりについてのみ行使しうる旨定められることになる。

しかしながら、既に従来の立場で述べられているように、通用している定款は大抵その種の先見の明のある規定を含んではいない。これに関する会社契約について契約上の補充解釈が行われる場合、示された出発点となる事例の中で

---

20) *U. Huber* (Fn.14), §508 Rn.1a. *Wetstermann/Klingberg*, FS Quack, 1991, S. 561; BGH NJW 1987, 890ff.（zur AG）

21) *U. Huber* (Fn. 14), §508 Rn. 1a. *Westermann* (Fn. 11), §508 Rn. 1. 有限会社法15条2項によって生じるように、持ち分は、社員によってその既に有する持ち分に加えて取得された場合でも、自らその独立性を留めている。

22) RGZ 97, 282, 285; *Westermann* (Fn. 11), §508 Rn. 1.

考慮されるのは、おそらく事例 3 における民法典 508 条 1 文と相違する規制であろう。社員一族 (Gesellschfterstämme) への持ち分の分配を理由として議論することが出来るのは、先買権の行使が、社員一族のメンバーによって保持される持ち分の一体とした売却の場合に、常に一体とした持ち分全体に対してのみ許されるかということである。これに対し持ち出されるのは、社員は、初めから三つの一族グループによって構成されており、それ故、一つのグループの持ち分は既に経済的な単一性 (Einheit) を形成していたということである。しかし、そのような解釈に対して考慮されるのは、会社契約を締結する際、全て社員は社員内のグループ構成を知っていたか、会社契約の中で相応する意思を容易く示していたのかと言うことである。その代わりに社員が、状況を認識したうえで、原則として各々の社員に、個々の持ち分への独立の先買権を容認する相互の先買権を取り決める場合には、社員らが会社契約において民法典 508 条 1 文を失効させる規制をなそうとすることの受け入れの余地はない。

先買権を形成する際、有限会社の会社契約のための標準的条項 (Standardklausel) が用いられるかどうかという疑問に答えることもまた、ここで考慮される意味での会社契約の補充的解釈にとって意味のないことではない。そのような標準的条項と、通例ここで問題になっている方式における先買権の行使に関する拘束とは結びつけられない。もし、そのような標準的条項の利用にあたって、相応する拘束が意図されるならば、事例 3 においてそのような解釈のために持ち出されものを越えるような、とりわけ事実上疑いのないそのための手掛かりを考慮せねばならないであろう。結局のところ、民法典 508 条 1 文の効力を失わせるものとして、第三者との先買義務者の売買契約における合意も考慮の対象とならない。なぜなら、そのような合意がこの契約に関与しない先買権者への負担になってはならないからである[23]。

---

23) *Westermann* (Fn. 11), §508 Rn. 1. 及び *Westermann/Kliegberg*, FS Quack, 1991, S. 560 Fn. 62 は誤解している。全ての参加に対して影響をもつ結合がどのような契約(有限会社の定款、もしくは持ち分の売買契約)において拘束されうるのか説明していない。

従って再び中間的なまとめとして確認されることは、事例 3 の場合にもその他の事例の場合にも、先買権は B の持ち分に関してそれぞれ有効に行使されることである。

民法典 505 条 2 文に従い、有効な先買権の行使によって先買義務者と先買権者の間の契約は、先買義務者が第三者と合意をなしたという条件の下成立する[24]。

(3) 民法典 508 条 2 文の抗弁

上述の支配的見解に従い、また民法典 508 条 1 文の適用場面として、一体として売却される持ち分の一部分に限定された先買権の行使を考察すると、民法典 508 条 2 文の抗弁 (Einrede) が対抗手段として先買義務者に生じる。これによると、先買義務者は、彼にとって不利益なくして分割され得ない目的物の全体に先買の範囲を広げることを要求する。包括的持ち分の先買の条件としての分割が、民法典 508 条 2 文の意味における不利益にあたるかどうかが争われている。

i) ある見解は、包括的持ち分の増価 (Zuschlag) は実務上考えられ得ないという論拠で、これを否定する。それ故、一体として売却される持ち分の一部の単独の取得は可能であるという結論に至る[25]。もし、この見解に従うとするならば、先述の事例においても、それぞれ社員 C と B の間で、持ち分に関する売買契約が発生することになるであろう。その際、C は、社員 A、B と第三者 D の間で取り決められた総額の取得割合に比した部分を支払わねばならない。しかしながら、この見解は説得力がない。なぜならば、既にそれらによって基礎とされている前提である、有限会社持ち分の売買の実際において包括的持ち分の増価が起こらないということが、はっきりと適切でないからである。それはとりわけ民法典 508 条 2 文の規定に基づき生じてくる以下の問題を答えられないままにしておく。すなわち、先買権の行使の目的となっていないが、包括的に売却される持ち分を一般的に譲渡することができるのか、もしそうである

---

[24] それにつき、また BGH NJW 1987, 890, 893; *Westermann* (Fn. 11), §505 Rn. 5.
[25] *U. Huber* (Fn. 14), §508 Rn. 1a.

ならば、この状況の下で、第三者との契約の割合に応じて当該持ち分に割り当てられているであろうものに相応する価格が得られることになるのかという問題である。実際はそれに対して、断片的な参加(例えば事例2のような)も、少数持ち分権の領域の下にあるような相当の参加(例えば事例3のような)も、社員もしくは堅く結びついた社員グループが会社を支配する場合には(もはや)容易に第三者に売却され得ないということを示す。逆に、持ち分が容易に売却されるのを可能とするために、その参加によりついてくる利益の貫徹に顧慮して、より大きな影響を買い主に認めるべきである。その際、少数持ち分権の獲得は、通例、決定的な下限 (untere Grenze) であるとみなされるべきである。そのような地位を手に入れさせ、もしくは獲得を助ける持ち分に対して、買い主は通例、その他の議決権の地位を帰ることのない同じ持ち分に対するより多くを喜んで支払うであろう。

ii) それ故当然に、反対する見解は包括的売却の先買条件の分割の場合への不利益の発生を初めからあり得ないと評価するのではなく[26]、個々の場合に依拠して決定する。もしそれに対して出発点となる事実を研究するとするならば、先買権を有する社員による先買権の分離行使により、社員A、Bにそれぞれ不利益が発生することであろう。事例1の場合、買い主は、それ故包括的持ち分の増価額のみを支払う。なぜならば、持ち分の過半数を得たからである。2、3、及び4の場合、買い主は、定款変更に対して保護されうる少数持ち分権を手に入れるであろう(有限会社法53条2文)。単にBの持ち分に関する先買権の行使は、それ故実際先買義務者への不利益を意味する。なぜならば、この状況の下での買い主は、ただ行使された先買権によって把握される持ち分を取得することについては、利益をもはや有さないだろうからである[27]。他の事情の下においては、買い主は少なくとももはや最初の売買契約に従って、問題になっている持ち分の割合に分配されるであろうその価格を支払う意思がない。事例2

---

26) *Westermann* (Fn. 11), §508 Rn. 1; *Grunewald*, FS Gernhuber, 1993, S. 144; また LG Offenburg, AG 1989, 134, 137 (Burda/Springer).
27) これに対する立証責任はそれぞれA, Bにある。

の場合において、付け加えられることは、AとBが夫婦であり、夫婦は通常会社において一体とした利害を追求するであろうということである：それ故、ここでは会社における地位は少数持ち分権を保持している社員らの各々に均衡していることに依拠してよい。CがBの持ち分に関してのみ先買権を行使することで、妻であるAは会社での2％の持ち分にとどまることになる。それ故、この持ち分は引き続き価値を下げられ、後に事実上確実に、これについて価格を表明することができるCに売却されることになるのである。

(4) 権利濫用の抗弁

それでも問題なのは、先買権の負担のある持ち分の一体化が、権利濫用の抗弁（民法典242条）を基礎づけ、その結果、民法典508条2文により不利益の抗弁の提出が排除されるかどうかということである。

i) それについてどのように考えられるか。いずれにせよ、売却される持ち分の売値が法外であると見える状況でのみ、権利濫用の抗弁が正当化されるわけではない。なぜならば先買義務者は制約なき（davonlaufend）価格リスクを常に負っているからである[28]。

ii) しかしながら、目的に奉仕する取り決めは、この権利の貫徹を困難にし挫折させるように、先買権の実際の実行に影響し、先買権者に対してこの範囲で無効になるということが認められる[29]。そこで、ライヒ裁判所は交換契約（他の参加権と有限会社持ち分との）を顧慮して確認した。反対給付はそれほどに先買権の阻止に尽力する目的のみを有することを取り決められることはできない。反対給付の形成に向けて、それ故自分のもののように理解することができるような根拠を述べねばならない[30]。ここで問題の存する状況に、この判決に基づき、包括的持ち分の増加額の考慮の下でもあらゆる理性的な商人の判断の外にあるような明白かつ公然に法外な価格は、権利濫用の抗弁を根拠づける力があるという結論が引き出される。

---

28) *Westermann/Kliegberg*, FS Quack, 1991, S. 561.
29) BGH WM 1962, 1091, 1094f.; WM 1970, 321, 322; WM 1970, 1315, 1318; *Westermann* (Fn. 11), §504 Rn. 22.
30) RG JW 1934, 1412, 1414.

iii）最後に、学説において、民法典508条の意味における経済的な単一性の形成は、それが先買権を広げもしくは妨げるという唯一の目的をもってなされる場合には、それ自体で既に権利濫用であるという見解が主張される[31]。この立場の正当化に引用されるライヒ裁判所の判決[32]は、しかしながらこの見解を支持してはしていない。当該判決をより精確に考察すれば、先買権を負担する目的物の単なる一体化を越えて、それが他の目的物と共に単一の取引対象となっているというようなまさしく特別な、先買義務者に不利な状況が存在するという前提条件の下でのみ裁判所は権利濫用を可能としたのである。そのような異常な状況は、ほとんど稀にしか存在しないし、先述の出発点となる事例においても明らかにされ得る訳ではない[33]。

iv）上述の見解と並んで、なお考慮せねばならないと思われるのは、「相互の（wechselseitige）」先買権を定款で定めることによって、冒頭で述べた事例のように、その持ち分を一体として売却する先買義務者が、民法典242条に基づく濫用的権利行使の抗弁を対抗されねばならないという結果に至らなくても済むのかということである。民法典137条1項の規定を理由にこの抗弁が先買の場合を引き起こす第三者との契約の有効性と関連されない場合であっても、それは各々該当する先買義務者から民法典508条2項の抗弁の主張を奪うことに至りうるであろう。

この見解のために掲げられるのは、相互の先買権が全ての社員に、他のある社員によって保有され、第三者に売却される会社持ち分の全ての一つ一つへの先買権を承認すべきかということである。それ故、法は独自の自由裁量により

---

31) *Trinkner*, BB 1963, 1237.
32) RG HRR 1935 Nr. 724.
33) それに対して、先買権に拘束されている持ち分の一体とした売却は、法外に高い先買義務者の威嚇である価格の取り決めの下では、取得者に、持ち分の有効な移転によって売却価格の一部が返される場合、権利濫用になる。結論として *Westermann* (Fn. 11), §504 Rn. 22. 先買権義務者と第三者が、「その全体的特徴が公序良俗に反する特質」を示す取り決めをした場合、これは先買権者に存在しないものとして妥当する。*Westermann*, ebd.; BGH WM 1964, 231ff.; WM 1970, 1315, 1318.

ある場合に先買権を認めずある場合に認めるに至る。ひいては、時と場合に応じて個別に先買権を行使しうるという、そのような取り決めの本文並びに意味及び目的によって容認された権利は、包括的持ち分の増価の高さにより、時折挫折することがなければ、その一体的売却の方法による持ち分の一体化を通じて、包括的持ち分の増価を含む価格に加えられる。

それでもやはりそれには、先に挙げられた状況において先買権者が、売買における一体的売却に基づき、全てその先買権の行使の困難を引き受けねばならいないということ、及び一体的売却によって引き起こされた売却者と先買権者の間の利害対立は、売主のために任意の法的権利によって決定されるという法的思考を民法典508条2文は示していると主張される。

議論の賛否を検討したところで、否定することが難しいのは、個々の持ち分に対する「相互の」時と場合に応じた先買権は、先買権の負担のある持ち分の第三者への一体とした売却を通じて、最初から挫折するのではなく、ただ困難になるだけである、ということである。この困難さが、会社法上の「相互の」先買権の意味及び目的に反することを、ここで一般的に主張している訳ではない。そうではなく、どのような前提条件の下で先買権の困難さが先買権の挫折へと強められるのかが、先に説明された原則に従い（個々の場合に関連させて）判断されなければならない。民法典508条2文に基づく不利益の抗弁の提起が権利の濫用であり、通例成果を収める見込みはわずかしか予測できないという抗弁に対して更に提起される問題は、どのような法的効果が、ここで基礎とされている場面において民法典508条2文の規定に結びつくのかということである。

(5) 法的効果

民法典508条2文の定式によると、先買義務者は先買権が全ての売却物に及ぶことを要求することができる。

i) この法的に与えられる解決方法は、判決及び学説において、その解決方法が先買権者に先買権を放棄する可能性を認めている限りで、修正される。民法典508条2文の及ぶのは、義務者らの保護にのみ奉仕するためであるということが理由に挙げられる。しかしながら先買権が先買権者の相応する宣言により

対象なきもの (gegenstandslos) とされ、かつそれに従い第三者との契約が解消される場合、義務者はもはや不利になるとみなされ得ないであろう[34]。

ii) Grunewald はこの解決方法をさらに以下の論拠をもって展開している。すなわち、一体とされた包括的持ち分の取得は非常にしばしば先買権者の経済的可能性を乗り越え、その先買権を事実上役に立たないものにしてしまう。そのため、それによって発生する義務者の不利益を補償する場合に限り、民法典508条の文言とは相違するが、先買権者に包括的持ち分の一部を取得する権利を与えるというものである[35]。

その間に確かに支配的見解になったこの見解に従うと[36]、先買権者は、民法典508条2文の抗弁を提起する場合には、それ故三つの選択可能性を有する。第一に、その先買権を最初から放棄してしまうことである。第二に全ての包括的持ち分に及ぶ先買権をもって了解する旨を宣言しうるということであり、第三に、ある持ち分に関して先買権に固執し、義務者の経済的不利益を現金で補償することができる[37]。

この選択権の認容と、先買権者と先買義務者の間の対立する利害が異なった方法で均衡しうる[38]という長所は、確かに結びついているが、しかしながらこの選択権の認容と結びつけられている損失補償の手続きが同時に、今まで十分

---

34) RGZ 133, 76, 79f.; *Trinkner*, BB 1963, 1237; *Grunewald*, FS Gernhuber, 1993, S. 144; *U. Huber* (Fn. 14), §508 Rn. 2; *Mezger* in: RGBK, BGB, 12. Aufl.1978, §508 Rn. 4. 批判として *Mayer*, NJW 1984, 100, 104f.
35) *Grunewald*, FS Gernhuber, 1993, S. 144.
36) 賛成するものとして、例えば *Westermann* (Fn. 11), §50 rn. 1 Fn. 2; 逆に *Mader* in: Staudiger, BGB, 13. Bearbeitung, 1995, §508 Rn. 7, は法はそのような処理方法を意図していないということを挙げる。
37) *Grunewald*, FS Gernhuber, 1993, S. 144, は、第三者が権利者による包括的株式の分割に基づきこのことにもはや利益を有さなくなった場合の、この第三の可能性を確かに抜け落としている。この除外はそれでもやはり論理一貫していないように思える。なぜならば、包括的売買の際の第三者は通例ある持ち分にもはや利益を有さないであろうし、そうでなければ、包括的株式に増価額を支払わないであろう。従って Grunewald は、事実上その理論の誤っていることを証明する。その上、その見解は先買関係と第三者関係の混同に至っている。第三者と義務者の関係における法律効果は、先買関係と分離されて熟考されねばならない
38) それにつき IV.1. 以下参照。

に回答されていない問題を持ち出すのである。これからの説明の中で更に詳しく論じられる以下の問題に含まれるのは、例えば、持ち分のまとまりを分割する場合の先買義務者の不利益の計算である。*Grunewald* は不利益の補償を、包括的持ち分の増価額を除外して計算することなく[39]、持ち分の割合に相応する価格を相互に割り当てることによって、一括して算出している。結果として完全になおざりにされているのは、それによって生じた包括的持ち分の増価額の部分が支払われ得ないが故に、他の社員も不利益を被るという事実である。これ、及びその他の問題の詳細については、後の IV で論じる。

(6) 選択権の実行

いつまでに先買権者が選択権を行使しなければならないかの時点の確定に関し実務において、更に不安定さが支配している。とりわけ、先買権者が(後で裁判所によって拒まれるかも知れない)支配説の見解を自己のものとして、一体として売却される持ち分のある部分に限定された先買権を行使する場合、これを先買権者の負担とし得るのか否かに関し特に不安定さが支配している。このような懸念のきっかけとなっているのはライヒ裁判所の判決である。すなわち、判断されるべき事案では、先買権者が(裁判所の見解によれば勿論不適切な)立場に立って、自分は自己の先買権を第三者に売却した目的物の一部のみに対して行使しうる旨主張した。このことから、先買権者は、先買権の目的物全体への拡張を求めることができる先買義務者の権利を拒否していた。その説明の中で、ライヒ裁判所は、先買権の行使の最終的な拒絶をその失効(Erloeschen)の結果と見ていた[40]。比較可能な方法においては、連邦最高裁判所もまた、第三者との契約で取り決められた契約条件が彼に適用されることがないという、裁判所によって法的に誤っていると判断された先買権者の見解を、先買権の有効な行使を全く欠いたものであると理解していた[41]。

---

39) *Grunewald*, FS Gernhuber, 1993, S. 144. Fn. 22.
40) RGZ 133, 76, 81.
41) BGH LM §505 Nr. 3; BGHZ 102, 237, 240ff. 他方現在では、OLG Karlsruhe, NJW-RR 1996, 916, 917 が、確かに不確実ではあるが法的見解の表明において先買権の拒否はしないようである。

これらの判決は、学説において当然の批判にぶつかっている。なぜならば、それらは先買権の内容に関する先買権者の法的に誤った理解を、全体的に権利の喪失に導いているからである[42]。そのことが受け容れられなければそれだけ、先買権者にとって法的誤りの前に立たせられることはなくなる。確かに、先買権者は、適切な先例を欠き、かつ支配説と相違する見解[43]によっても先買権の限定された行使を許すということを証拠として引き合いに出すことができるであろう。それにもかかわらず、彼が拠り所とした処理も、権利喪失の危険を伴ったままである。これを減少するために、相応する最高裁判所の判決の生じるまで彼に推奨されるのは、その先買権をある持ち分に限定し、補助的に全体に行使するという方法によることを説明をすることである。そのような処理方法を通じて、先買権者は上述判決の疑わしい論拠、すなわち、先買権者の意思表示の解釈は、先買権が限定的にのみしか、もしく全く行使しないとする意思を表すというもの、に反駁している。先買権の補助的実行の表明は、全部として反対のよりどころとなり解釈の枠内で容易く顧慮されるであろう。

IV. 包括的売買への民法典508条の適用についての原則的及び個別的問題

1. 民法典508条に関する解決法の優越性

これまでの解説で示されたことは、先買権によって把握されている持ち分の包括的方法による売却の場合及び定款によって根拠づけられる個々の持ち分への限定された先買権の行使が民法典504条以下の規制の枠内に難なく当てはまることはないということである。

先買権の民法上の規定において、述べられた状況の適応を取り扱う端緒を考慮すれば、包括的持ち分の分割を一般的に許すかもしくは拒絶するという解決

---

42) これにつき詳細は *Grunewald*, FS Gernhuber, 1993, S. 150f.
43) 例えば *Huber* の見解のように、一体とした持ち分の売却の際の先買権の分離された行使を一般的に許容する。参照 Fn. 25.

法は確かに法的安定性という利点にふさわしい。しかしこの利点は既にかつての立場で挙げられた加重された不利によってあがなわれてしまうであろう。一つに、一体として売却される持ち分の一部のみに限定された先買権の行使は、売却者及社員としての先買義務者の利益を多大に損なう可能性がある。彼らに禁じられるのは、次のようなことである。すなわち、売却の場合に持ち分をひとまとめにすることによって、社員として、とりわけ議決権実行の際、匹敵する協力をすることで、難なく会社法上彼らに帰属するであろうし、一人の社員による売却の場合に制約がなくても実現する利点を得ることである。加えて、その持ち分を先買権の行使によって自由に留められる社員は、先買権の一部行使を通じて会社における自己の法的な地位が後に希薄化されることを恐れねばならない。次に、一体として売却される持ち分に関する先買権の一部行使の拒絶もまた、重大な不利益に逆転される。それは、明文で容認された先買権の追求する、会社外の第三者の侵入を防止し、社員らの力関係を保持し、議決権を有する持ち分の集中を防ぐという目的が、「オールオアナッシング（Alles oder nichts）」という原則を採用する方法における先買権の行使が困難となることによって頓挫させられるということに至りうる。

　この状況で、述べられる支配的見解[44]により示される方法は、挙げられる衝突状況を民法典508条の修正された適用を通じて克服すること、さらに極めてたやすい可能性は、関係者の対立する利害を、債務法的及び会社法的利害対立の観点を同等に（gleichermassen）考慮する方法で均衡することである。その際、先買権者への三つの選択権の容認は、民法典508条で廃止されたここで取り扱われているのと同様の状況での先買権者と先買義務者の利害の間の均衡原則の徹底した発展のみである。しかしながら、支配説によって主張される解決の端緒は、選択権の容認を通じて、先買権の行使及び貫徹の方法の「Prozedualiesierung」又は「対話化（Dialogisierung）」の方法に至り、それはいくつかの未だ完全に取り去られない理論的—実務的困難を必然的に伴うものとなる。そ

44）それにつき III. 2. b) (5) 及び Fn. 35f.

れ故、誰に包括的持ち分の増価が所属し、どのように算定されるべきかということは、未だ決定的に明らかにされていない。さらに、旧民法典510条2項1文2文において規定されていた一週間の除斥期間（Wochenfrist）が不適当に短くないかどうかも疑わしい。なぜなら、先買権を有する社員は、この期間内に社員領域の将来の構成に関する、会社における自身の地位に関する、場合によっては先買権の金銭面に関する非常に広範囲に及ぶ決定を行わなければならないからである。先買権者がいろいろに不明がある三つの選択権を実行しなければならないのはどのくらいの期限内であるのかということは、結局未解決である。

　支配説の解決方法と結びつけられている派生的問題の処理と並んで、実務上、最も困難な点は、場合によってどのような範囲で判決が示された解決法に従うつもりがあるのかどうかの手がかりがないというところにある。この理由に基づき、支配説の未解決の側面を解決すべきことが引き続き試みられなければらない。それどころか、どのような方法で相応する定款規定の形成を通じて存在する法的不安定性が克服されうるかを示すこともなされなければならない。その際、明らかなのは、全てのその他の不安定性の出発点を形成する三つの選択権が、まさに有限会社の会社契約によって根拠づけられうることである。

2. 包括的持ち分の増価額の算定

　確かに不明確ではあるとはいえないが、しかし納得のいく解決のされていない支配説の派生的問題のひとつに、先買権者が包括的持ち分のうちの売却された持ち分の一部にのみ限定して先買権を行使した場合に賠償すべき損害額の算定の問題がある。前記のように、これに関する *Grunewald* の提案は、説得力があるとはいえない。お互いの持ち分の割合に相応した売買契約に定められた売買価額の分配を通じた損害の一括算定は[45] 二つの持ち分の一体としての売却によって増加額がもたらされるという現実を顧みていない。補償すべき経済的損失としての増価額は、一体とする合意とともに決められた売買価格と一体と

---

45) *Grunewald*, FS Gernhuber, 1993, S. 144 Fn. 22.

されることなくして売却される持ち分の価値の間の差額（Differenz）を表す。しかし実務上、通例包括的株式を一人の買い主が買うことと、二人の買い主が個々に持ち分を買うことは同時には存在しない。それ故、存在する形式の相違に基づく損失の算定は困難であろう。さらに、有限会社の持ち分に対しては証券取引所もしくは市場での価格を算定できない。それ故、会社の財産及び収益の状況を根拠として算出しうる持ち分の内部的価値によるより他の方法はない[46]。売買価格の形成に影響を与える格別の他の要素が示されない場合[47]、補償すべき包括的株式の増価額は、その結果として通例持ち分の内部的価値（innerer Wert）と売買価格の差額となる。増価額は売り主の内部関係における持ち分の割合に応じて分配される。例えば、事例3において持ち分の内部的価値を、Aの持ち分を900万マルク、Bの持ち分を300万マルク、一体とされた包括的株式の価額を1千400万マルクとすると、Bの持ち分のみを取得するCは300万マルクの持ち分価額に200万マルクの増価を加えた債務を負う。持ち分割合に応じた増価額の分配は、Aが150万マルク、Bが50万マルクを得るに至る。

　包括的株式の増価額の確定の当然の困難さ、とりわけ売却される持ち分の内部的価値の確定のコストを回避しようとする場合、このために相応する定款規定が提供される。例えば、有限会社の会社契約において定め得るのは、一体として売却される持ち分への限定的な先買権の行使の場合に総売買価格の持ち分の割合に応じてのみ支払えばよい旨の規定である。事例3の場合において社員Cは8.33パーセントの持ち分をもって33パーセントの総包括的株式のほぼ4分の1のみを受け取ろうとしたが、このことは、例えばCは1,400万マルクの総額のうち350万マルクのみを支払えばよいということを意味する。この損失補償の算定の形式は、費用を節約するのみならず、法的紛争を予防するという

---

46) 例えばBGH WM 1987, 174, 175（株式会社について）.
47) そのような要素に、買い主が持ち分取得を通じて、その参加している他の企業のための競争上の優越を強めること、例えば、彼がこの方法でより重要な情報を得る機会とこの企業の注文を得るというような範囲が属する。そのような観点が価格に重要とされることは先買権者が証明責任を負う。なぜならば、売却価格に包括的株式の増価以外の要素も表されているという論拠を民法典508条2項に基づく先買義務者の抗弁に対する再抗弁として提出するからである。

ことにも寄与する。加えて、この規定が先買権者を傾向的に助力するが故に先買権の追求する目的が確実に強化されるに至る。社員は、どのような役割で当該指図と関係するのか、いかなる場合でもそのような定款規定で手続的金銭的リスクを減少するかということにつき予言できないので、会社契約の相応する具体化を徹底して受け入れうるだろう。社員にとってまず第一に問題となることが、先買権を規定化することによって先買権の行使の場合の侵入者の防止と持分割合保護を求める目的が個々の社員の財産的に過大な請求と衝突してだめにならないことを確保することであるとすれば、先買権の行使の場合に売却価格を最初から持ち分の内部的価値に固定するということまで考慮しなければならない。

3. 包括的株式の増価額に関する開示責任

先買義務者が民法典508条2文に基づく抗弁を主張する場合、先買義務者は経済的損失が生じていることを示さねばならない。とりわけ持ち分の売却が買い主の側から増価を伴って「包括的に (im Paket)」引き受けらるのがどのような額であるのかということを証明しなければならない。それ故、厄介で争いをはらむ分配手続きを回避するため先買権行使の場合を形成する売買契約の当事者が契約での相応する持ち分の評価を公表することが勧められる[48]。確かにその際持ち分の売買価格の分配がその大きさ及び価値に基づき行われること、先買権者が損失を被るように恣意的に形成しないようにすることが勧められる。判決は先買権者のはっきり認められる損失の場合に公平な割り当てが基準となることを認めた[49]。

4. 増価の請求権

先買権の行使は、もとの売買契約の内容を伴った先買権者と先買義務者との

---

48) *Grunewald* in: Erman, BGB, 9. Aufl. 1993, §508 Rn. 2 (in bezug auf den Mengenkauf).
49) OLG Karlsruhe, NJW-RR 1996, 916 (Grundstückskaut).

間での新しい債務関係の発生に至る。先買権者が持ち分の一体とした売却の場合にその先買権を限られた一部に限定して行使する場合、必然的にこの持ち分の売却者との売買契約のみが成立する。それ故増価はこの持ち分所有者のみに比例割合に応じて帰属するであろう[50]。包括的に売却される株式の分割がしかしながら全ての売却側の当事者に、従ってその持ち分が先買権の実行によって把握されていない全ての者にも不利益を与えるので、上述の結論は修正の必要があるように見える。

　先買権者と、先買権者がその持ち分を取得することを欲さない他の社員のとの間に先買関係が存在したことは、先買権の実行を欠くので当該売却者に増価の請求を許すための十分な理由とはならない。決定的なことは、もとの売買契約である「包括契約（Paketvertrag）」が売り主の側に連帯債権関係を発生させるということである。いずれにせよ、このことはその有する増価への請求権に関して、包括的に売却される持ち分の一部に限定された先買権の行使の後でもなお存続するものと思われる。連帯債権関係は先買権行使後からは先買権者による損失補償に向けられるのである。支配説で、先買権者によって把握される複数の目的物が様々な先買義務者によって共同して売却される場合にも民法典508条が拡張されるならば、連帯債権者に首尾一貫した証明をとそれに基づき発生する抗弁を帰属させなければならないだろう。従って、先買権が一部の持ち分についてのみ行使された場合であっても、民法典508条2文の抗弁の主張により生じる請求権は、売却を欲する社員と連帯債権者の双方に帰属する。内容に従う売買契約における一体化は、引き続き効力を及ぼす。この法理論的論証は、経済的状況と重なり合う。実際増価は両持ち分売却者に帰属する。その協同を通じてのみこの超過代金が帰属しうるからである。両者は共同して経済的損失を被るのである。

5. 先買権及び選択権の行使期限

　先買権は一週間の期間内に行使しなければならない。ただ、土地の売買の場

---

[50] 実際には *Grunewald*, FS Gernhuber, 1993, S. 144 Fn. 22.

合のみ、除斥期間は2ヶ月になる(民法典510条2項1文)。この期間の相違は、土地取引は関係者に対する影響や通例それに伴い生じる高額な財政的必要に長い考慮期間を与えることが正しいという考慮による。

　この評価はそのまま包括的取得に移転される。有限会社への参加の引き受けは、その人的な形式が重要な場合にはとりわけ、通例社員らの存在の保護に役立てられる。先買権の行使に関する決定を通じて社員が有限会社におけるその将来の地位を決定せねばならない場合にも同じく妥当する。それ以上に有限会社の持ち分の取得は、いずれにせよ設立段階を除いて、買い主を、典型的な方法で土地の取得の際の買い主と同様の融資責任(Finanzierungsaufgabe)におく。結局なお指摘しなければならないことは、土地もしくは有限会社の持ち分の取得もしくは売却に関する契約に含まれるのは、法が認証された公正証書に記載すべきものとして定める僅かなものであることである(民法典313条、有限会社法15条3項)。有限会社法15条3項による形式の要求に際して中心となるのが、有限会社の持ち分の投機的な取引であるとしても、明らかなのは、土地と同様有限会社の持ち分の場合にも取得又は売却に格別な取り扱いを受けるべき財産が問題とされていることである。それ故、土地取引に妥当する期限が包括的取得に類推適用が可能であるということを弁護しうる[51]。

　この見解に従う場合[52]、先買権者は持ち分売却の通知を受けた後、先買権を行使するか否か、どのような方法で先買権を用いるのか2ヶ月以内に宣言しなければならない。もしその先買権を一体として売却される持ち分の一部に関

---

51)　比較の対象となりうる問題性が民法典477条による時効期間に関して存する。そこで、例えば *Westermann* (Fn. 11) §477 Rn. 5 及び *Esin*, Sachmängelhaftung beim Unternehmenskauf nach deutschem ind türkischem Kaufsrecht, 1998, S. 166ff. は、判例がこのことを拒絶しているにもかかわらず、土地に妥当する期間の適用を企業取引で肯定する。参照 RGZ 138, 354ff.(確かに貸借された部屋にある飲食店の取引について); BGHZ 65, 246, 253-obita dictum. 原則的に別なのは *Baur*, BB 1979, 381, 384ff. 企業取引の際459条以下は不適当であるとし、それ故民法典195条に代表される契約締結条の過失を適用しようとする。

52)　長い期間が実際上の需要に当てはまることを、以下の事実が示す。先買権についてほとんど決定していない場合に関して、社員が長い期間を取り決めたのと同じであると見る。参照 BGHZ 92. 386, 388 (一ヶ月); BGH ZIP 1991, 1489 (三ヶ月)。

してのみ実行することを欲する場合には、先買義務者に民法典508条2文の抗弁を主張することを及びその経済的損失の範囲を示すこと、すなわち包括的株式の増価額を決定することは先買義務者の義務である。

先買権者がその選択権を実行しなければならない時的範囲の問題に答えるために判例及び学説においてどんな手掛かりも見いだされない。その限りで、旧民法典510条2項1文を類推適用するならば、先買権者にさらに2ヶ月の考慮期間を認め、かつ先買の場合に生じる不確実性が延長されるという結果になる。このことが一見意外だとしても、その解決のために述べられるのは、先買権者は、民法典508条に基づく損失補償の抗弁の主張の結果として、三つの選択権の行使に関しても、先買権の行使に関するものと同様の決定を迫られているという事情でなのである。とりわけ、今後支払われ、融資さるべき増価額がオプション権の行使を正当付けるかの判断も残されている。それ故先買権者は、先買の場合であることを全く初めて認識したとして取り扱われる。もし上述の考慮において、とりわけ先買権者の利益に効果を発揮する場合でも、二つの前後につながれる2ヶ月の期間は逆に先買義務者に不当な負担とはならない。すなわち、先買義務者は、二倍の期間を回避するために、民法典510条1項による通知の際、先買権者がその先買権の行使を一体として売却される持ち分の一部に限定する場合には、508条に基づき抗弁として主張される損失を被ることを表明することができる。先買義務者に、それを越えて第三者との売買契約を、持ち分の意図された一体化及び売却額を持分と増加分に分配することが明白であるように形成する可能性は未解決なままでおかれる。この場合において、状況は先買権者にとって先買の場合の通知で明白であり、先買権者はその時点で既に、増価額を支払わねばならない可能性をも考慮した財政上の配慮をなすことができる。この帰結は、事実上比較しうる他の状況に関する決定、判例、支配説にも一致している。先買義務者と第三者が事後的に売買契約を修正する場合、決定期間は変更された契約に関し買い主に同様に新しく経過し始める[53]。

---

53) RGZ 118, 5, 8; OLG Karlsruhe NJW-RR 1996, 916; *Grunewald* (Fn. 48), §510 Rn. 4, §504 Rn. 15.

衝突がない法的な保護の規定を可能な限り保障するため、それにもかかわらず先買権及び選択権の実行の形式及び期間を定款において確定することを勧めるべきである。

V. 譲渡制限と包括的取得

1. 譲渡制限の抗弁と法律効果

債務的な効力のみを有する先買権を保護するために、有限会社の定款は大抵次のような条項を有している。すなわち、持ち分の譲渡は会社又は社員の同意を必要とするというものである。そのような定款規定は有限会社法15条5項で許されている。譲渡制限は相応する同意のない物権的持ち分移転を妨げる。同意の決定に至るまで譲渡は不確定無効 (schwebend unwirksam) である。譲渡が法律上有効に拒絶されたときは、譲渡契約は最終的に確定的無効となる[54]。

2. 決定の単一性

実務上普通に用いられている譲渡制限条項を吟味すると、この条項は社員間での譲渡にも第三者への譲渡にも妥当する。共同社員による関連する先買権の行使を伴う第三者への包括的売却に際して、社員は共同社員もしくは第三者どちらへの譲渡の同意を受けるかを決定しなければならない。従って二つの事実上の関連する決議が必要である。

譲渡契約の同意の拒絶の場合最終的に確定的無効となるとする、判決および学説により一般に認められている公式をここで問題となっている状況に転用すると、速やかに公式が補充を必要としていることが確認される。社員総会 (Gesellschafterversammlung) が第三者への譲渡の同意を拒絶する場合、持ち分の譲渡は未だ最終的に無効となっていない。それどころか、総会はなお共同社員への譲渡に関し決定をしなければならない。共同社員への譲渡が拒絶されて初

---

54) BGHZ 13, 179, 187; 48, 163, 166; *Winter* in; Scholz, GmbHG, 8. Aufl. 1993, §15 Rn. 100; *Reichert* (Fn. 2), S. 52.

めて、譲渡は最終的に無効となる。なぜならば、両決議が経済的に単一の事柄に該当することから、両者は事実上表裏一体の関係にあるからである。従って、両者は共に、関連するものとして解釈されなければならない。

3. 議　決　権

定款が採決に関して何らの条件を含まない事例を考えてみると、該当する社員らが各々共同して票決したことから、行われた決議がそもそも有効なのか否かという問題が生じる。議決権の排斥に有限会社法47条4項2文が述べているのは、社員と会社の取引の際、その種の禁止が含まれるということである。

a. 社員総会の権限

まず第一に考慮すべき場合は、はっきりとした、もしくは解釈によって確かめられた定款規定が社員総会もしくは会社に権限があると認めた場合である[55]。持ち分の譲渡に関する決定は社員内の共同管理（Mitverwaltung）行為を意味する。支配説によるとそれ故全ての社員が社員総会において一緒に議決権を行使することが許される[56]。

とりわけ Zöller により持ち出される反対意見は、有限会社法47条4項を譲渡制限の同意にも適用する。先買の場合に先買の意思のある多数社員と先買の意思のある少数社員の間の平等な取り扱いを確立するためである。全ての該当者が一緒に議決権を行使することを許す場合、多数派社員はその持ち分を譲渡することを常に貫徹することができ、それに対し少数派社員は常にできないことになる[57]。しかしこの見解は、少数派社員が常に否決されるであろうことを

---

55) 定款規定がなく、業務執行が同意を与える場合、しかし今日の支配的見解によるとこのためにまず社員総会の決議を伴わねばならない。参照 *Lutter/Hommelhoff*, GmbHG, 14. Aufl.1995, §15 Rn. 26; Staib (Fn. 2), S. 123.
56) *Reichert* (Fn. 2), S. 102.
57) *Zöllner*, Die Schranken mitgliedschaftlicher Stimmrechtsmacht bei den privatrechtlichen Personenverbänden, 1963, S. 245ff.; *ders.*, GmbHR 1968, 177ff.; *ders.* in: Baumbach/Hueck (Fn. 8), §47 Rn. 58; *Helzfelder*, Stimmrecht und Interessenkollision bei der Personenverbänden des deutsch Reichsprivatrechts, 1927, S. 147.

計算しなければならないことを見落としている。もし少数派社員が阻止しようと意図するならば、彼は会社契約の取り決めの際に譲渡制限に関して全体一致の決定であることに固執せねばならない。さらに少数説の見解は、多数派と少数派の衝突を除かず、堂々巡りとするのみであろう。その場合少数派社員は、多数派社員の脱退を阻止することが意のままとなるであろう。当該見解は、支配説より優れた解決方法には至らない。それ故、(有限会社法47条1項及びこの規定の根拠となっている評価を通じて支えられている)支配説[58]の論拠に従いうるのである。

b. (共同)社員の権限

会社及び社員総会自らではなく、社員が決定について権限があるならば、他の価値判断が必要であっただろう。しかし、この場合においても、該当者が議決権の行使を排除されるべきか否かという問題の価値判断は、会社契約の解釈及びこれによって選ばれる定式に依拠する[59]。例えば、譲渡はその他の社員の同意を必要とするという実務上しばしば用いられる定義が見いだされる場合、議決権の禁止は疑う余地もなく採用しうる。

c. 総 括

事例1は、譲渡の同意への権限の問題がまさに包括的売却の際、決定的意義を有するものであることを示す。定款が該当者の議決権を排除することなく多数派の決定を意図する場合、該当者は、社員の忠実義務の観点の下でその行為を評価することを条件として、多数派の包括的売却を貫徹することができる。社員は、会社契約の相応する条項の定式化の際この帰結を考慮すべきであろう。

---

58) BGHZ 48, 163, 166f.; *Lutter/Hommelhoff* (Fn. 55), §47 Rn. 24; *K. Schmidt* in; Scholz, GmbHG, 8. Aufl. 1993, §47 Rn 117; *Hueck* (Fn. 8), §15 Rn. 41; *Reichert*, (Fn. 2). S. 104, jeweils m.w.N.

59) Einzelheiten bei *Staib* (Fn. 2), S. 114ff.

4. 同意の不誠実な拒絶？

譲渡についての同意の拒絶は、その他の社員がその議決権を事情に反する利益を追求する場合、不誠実もしくは権利濫用であり得る。

a. 定款規定

持ち分譲渡の同意に関する決定の際どの程度まで社員が拘束に服するかは、定款上の規定のある場合とそれがない場合とで区別しなければならない。会社契約が、考慮すべき基準を挙げ、もしくは同意が拒絶されうるような状況を定める場合、関係者は拒む理由がない限り同意の権利を有する[60]。

b. 定款規定の欠缺

相応する定款規定が欠けている場合に、同意に関する決定がどのような要求を満たさなければならないかについては争いがある．

ライヒ裁判所は、決定は同意権者の、従って社員総会の自由裁量であるという見解を提唱した[61]。後にこの見解は判例及び学説によって、関連する定式化が時折それぞれ相違している場合であっても制限された。裁量の限界として今や権利濫用、あるいは会社法的誠実義務に対する違反が問題とされる。同意は根拠なく専断的にもしくは事実外の理由に基づいて拒絶されてはならない(民法典 242, 226, 826 条)[62]。しかし、同意の拒絶には重大な理由によって正当化される必要はない[63]。また、同意拒絶の効果は、決定が団体政策上及び企業政策上に不適当であるという論証によって攻撃され得ない[64]。時折譲渡の同意に関す

---

60) *Hueck* (Fn. 8), §15 Rn. 45; *Reichert*, (Fn. 2). S. 109 m.w.N.
61) 有限会社法 17 条 1 項について RGZ 88, 319, 325; 譲渡限定のある記名株式の際の同意について RGZ 132, 149, 154f.; 有限会社法 15 条 5 項について RG JW 1934, 1412, 1413.
62) OLG Düsseldorf GmbHR 1964, 250f.; LG Düsseldorf DB 1989, 33; *Winter* (Fn. 54), §15 Rn. 94, §14 Rn. 58; *Hueck* (Fn. 8), §15 Rn. 45.
63) A.A. aber noch *Rowedder*, GmbHG, 3. Aufl. 1997, §15 Rn. 105; *Scholz*, GmbHG, 4. Aufl. 1960, §15 Rn. 49; *Neflin*, GmbHR 1963, 22, 24.
64) *Winter* (Fn. 54), §15 Rn. 94.

る決定が社員の義務裁量にあるという定式も見いだされる[65]。連邦最高裁判所もこの見解に従っているように思われる。同裁判所は、比較の対象になりうる場合において(譲渡制限記名株式の場合)、同意は社員の義務裁量の下にあると決定した[66]。裁量権の行使は第一に会社の福祉(Wohl der Gesellschaft)にならねばならず、株主の認められた利益も考慮の外においてはならない。さらに、譲渡制限は無限定の期間での株式の売却不可能性に至ってはならない。社員が会社の人的な特徴を維持することを欲する場合は、社員は必要によっては自ら株式を買い受けねばならないであろう。妥当な価格として、第三者が支払うであろう価値が支払われるのではなく、株式が財産及び収益状況によってもつ内部的価値が支払われるべきである。その限りで、売却を欲する社員の利益は、侵入する第三者の阻止という会社の利益に劣後する。このアプローチの帰結として、同意の権利濫用的な拒絶は無効であり、かつ再度の決定の請求権を基礎づける。裁量の減少が零とされる場合(例えば平等原則に基づく場合及び誠実義務が議決権を抑制する場合[67])のみ、同意を求める権利が存する[68]。

反対意見は、同意の拒絶を、それが必要かつ相当(erforderlich und verhaeltnismässig)な場合にのみ合法と評価する。それ故、反対意見は内容のコントロールの決議を支配下におく。拒絶が先に述べた前提条件を満たさない場合、関係者は同意を求めて訴えることができる[69]。この見解は、その定式によって広範な濫用コントロールを越え、同意の拒絶の事実上の正当化に至るように見

---

65) *Lutter/Hommelhoff* (Fn. 55), §15 Rn. 28; *Staib* (Fn. 2), S. 137ff.
66) BGH WM 1987, 174, 175 (zur AG); LG Aachen, AG 1992, 410; OLG Düsseldorf, EWiR §103 AktG1/97, 145 (*Kort*); *Lutter*, AG 1992, 369, 370f.; *Wirth*, DB 1992, 617ff.; *Kossmann*, BB 1985, 1364, 1366; *Bork*, EWiR §68 AktG1/92, 837; *Berger*, ZHR 157 (1993), 31, 35; *Priester*, EWiR §68 AktG 1/87, 107, 108.
67) 例えば、OLG Karlsruhe, BB 1984, 2015, 2016.
68) *Winter* (Fn. 54), §15 Rn. 94; *Lutter/Hommelhoff* (Fn. 55), §15 Rn. 28.
69) *Zutt* in: Hachenburg, GmbHG8.Aufl. 1992, §15 Rn. 116; *Reichert* (Fn. 2), S. 224ff.; *Reichert/Winter*, FS100Jahre GmbHG, 1992, S. 215ff.; *Kellner* (Fn. 2), S. 121ff.; 未解決のままにされたものとして OLG Koblenz, DB 1989, 672, 673.

える。結果として、そのような見解は立証責任を転換するであろう。売却を欲する社員が濫用を証明しなければいけないのではなく、会社がその決定の事実上の正当性を証明しなければならない。この見解に対して決定的なことは、そのような広範囲にわたる内容コントロールに動機が存在しないということである。例えば新株引受権の排斥の際、持ち分は始めから譲渡制限されているのでそれ以上の社員の権利への介入は存しないのである[70]。

c. 理由づけの義務

法は原則として理由づけの義務を認めていない[71]。それにもかかわらず、支配説の提唱者も少数説の提唱者も同様に、決定の正当性をコントロールしうるために、関係者は少なくとも手続きにおいて、またその準備について理由を要求しうるということを求める[72]。また、新たな先買の試みの前に共同社員によって行われた考慮を知ることが、それを吟味し得るため、関係者に許可されねばならない。従って、事例4において社員らは場合によっては要求に応じてその理由を公開しなければならないであろう。

d. 事例への適用

事例2及び3において、社員らはその拒絶の決定の理由を挙げた。結果として拒絶は重大な理由なくして成り行かない。それは同様に、信頼義務に対する過失がないということに至る。拒絶のための事実上の理由は加えて、会社外の第三者の侵入を許さないという他の社員の願いである。それらが、売却を欲する社員らに投資の撤退（Desinvestition）のための各々の可能性を禁止しておらず、時折その持ち分を適当な価格で買い取る限りで、拒絶された同意（自ずから

---

70) 同様に *Lutter*, AG 1992, 369, 372f.; *Kort*, EWiR §103 AktG 1/97, 145, 146; 結論において *Immenga*, AG 1992, 79, 82; 場合によっては株式法68条2項に。
71) 支配的見解。参照 *Rowedder* (Fn. 63), §15 Rn. 104 及び *Kossmann*, BB 1985, 1364, 1366.
72) *Wiedemann*, Die Übertragung und Vererbung von Mitgliedschaftsrechten bei Handelsgesellschaften, 1965, S, 107; *Reichert* (Fn. 2), S. 243; *Kossmann*, BB 1985, 1364, 1366.

少数説による)において権利濫用は見られない[73]。結局売却を欲する社員は保護のない状態にされることはない。なぜならば、繰り返しの拒絶の際、適切な補償金を対価とする特別の脱退権が発生するからである[74]。さらに、取得者が自ら企業的活動をし、及び競争相手であった場合には、格別の理由のない同意の拒絶が存するであろう。切り崩しから会社を守り、企業秘密及び取引関係が競争相手の手の内に入ることを回避する利益は、自ずと(厳格な要件を立てる)少数説により同意の拒絶を認めてしかるべき理由とされる[75]。競争相手の企業に第三者が単なる経済的参加をするのではなく、そこにおいて企業者的地位を占めることが、確かに前提条件である[76]。同じことは、取得者が悪い評判を有している場合、信頼できないとみなされる場合、きちんとした財産関係において生活していない場合などにも妥当する[77]。従って事例2、3の場合、Dへの譲渡についての同意の拒絶は正当である。

事例1の場合を考慮すると、他の価値判断が提供される。同意の拒絶によって、売却を欲する社員はCの先買権を切り崩す。それに会社の参加関係を保持する全ての機会が取り上げられている。譲渡制限はまさに先買権を保護する目的も追求するので、そのような共同社員の処置は権利濫用のように見える。Cに定款によって発生する権利を不当に渡さないために、多数の力を不当に用いている。上述の少数説もまた、この結論に至らねばならないであろう。まさに人的特徴ある会社の際、先買権に決定的な抗弁が生じ、それ故、共同社員の行動がCの法的地位への不均衡な介入を意味するからである。

事例4において、同意の拒絶に何らの理由も挙げられていない。後に挙げられた理由の考慮及び評価の際、事実は会社が人的に構成されいていないということを考えに入れなければならない。社員はまさに侵入する第三者の排除にそれほど多くの興味を有していない。社員が自己の利益として持ち出すのは参加

---

73) *Reichert* (Fn. 2), S. 237f.
74) *Lutter/Hommelhoff* (Fn. 55), §15 Rn. 29; *Staib* (Fn. 2), S. 155ff.
75) *Reichert* (Fn. 2), S. 237; *Reichert/Winter*, FS100 Jahre GmbHG, 1992, S. 234ff.
76) *Reichert/Winter*, FS100 Jahre GmbHG, 1992, S. 236.
77) *Reichert* (Fn. 2), S. 237.

割合の維持だけである。

VI. 定款形成への提言

　従前、最高裁判所の説明のなかった包括的売却と先買権及び譲渡制限との関係に面して、実務はこれらの場合に準備をなすべきである。それ故、以下に述べる提言が定款規定に供される[78]。

　(1) 社員は相互に先買権を認める。先買権は先買の通知後、一月以内にのみ行使されうる。先買の通知及び先買権の行使は、書留 (Einschreiben) によって行う。通知は先買を生じる売買契約に付加される。売買価格として、その先買権を行使する社員は、この売買契約に記載された売買価格を債務として負う。

　オプションとして: 売買価格として、持ち分の内部的価値が債務として負われる。争いがある場合、専門家の鑑定書によって、確定される。その決定が社員のために義務づけられる専門家は、商工会議所によって選任された者とする。

　(2) 過半数の社員がその持ち分を一体として売却する場合、全ての先買権を有する社員はその先買権を売却者の一つの又は複数の持ち分に限定することができる。先買権者がこの権利を用いる場合、それに関して先買権を行使した場合に持ち分に与えられる総価格で、先買義務者に債務を負う。それを越えたもしくはそれと別の包括的株式の増価額は算定されない。

　オプションとして: 社員がその先買権を持ち分の一部もしくは全ての持ち分に関し行使する場合、価格の確定は第1項による。包括的株式の増加額は算定されない。

　(3) さらなる社員の入社、譲渡、分割、質入れ、譲渡担保、その他の第三者への正当な担保は社員総会の同意を必要とする。その際、関係者は議決権を有す。

　オプションとして: その際、関係者は議決権を有さない。

---

78) 定式化についての提言は、場所の理由から、混合贈与もしくは生前相続による先買権の回避の場合を問題としていない。注2) 参照。

VII. まとめ

1. 有限会社の定款が、包括的売却の場合に備えていることは極めて稀である。とりわけ、先買権及び譲渡制限条項の定式化の際、この取引形式は考慮されないままである。これによりもたらされる法的不安定性は著しい。

2. 売却を欲する社員と先買権を有する社員との間の利害対立の解決のための法的な条件は、議論されている。今日の支配説は、民法典508条の適用で適切にそれを解決する。

3. 包括的売却の際、先買権者に選択権が生じる。先買権者は定款が相互の先買権を予定している限り、全ての包括的持ち分を取得するか、先買権を断念するか、包括的持ち分を細かに分け、売却される持ち分の一部を取得することができる。最後の場合、売却者が民法典508条2文の抗弁を主張した場合に限り、先買権者は持ち分に応じた売却価格の他に、取得されなかった持ち分に対する包括的持ち分の増加額を負担する。この場合、包括的持ち分の売却者は、包括的持ち分の増価額について連帯債権者となる。

4. 持ち分売却の際の先買権に、土地に妥当する旧民法典510条2項1文の期間の適用が認められる。

5. 譲渡制限条項では、譲渡についての同意に関し決定しうるのは誰かという問題の厳密な規定が必要である。それに加えて決定に関係する社員は議決権を有するのか否かということも明らかにせねばならない。

6. それと異なる規定がない場合、会社は同意について権限がある。社員総会はこれに関し定款もしくは法によって定められた多数決で決する。その際関係者は議決権を行使できる。

7. その包括的売却の貫徹のため、及び格別の事実上の理由を示すことなく社員の内部関係における譲渡を拒絶し、それ故共同社員の先買権を回避する場合、社員の過半数は不誠実であると取り扱う。

8. 資本的に構成される有限会社の場合、持ち分の譲渡についての同意の拒絶が不誠実かどうかという問いに答える際、会社の構成が顧慮されねばならない。

社員は第三者の侵入を避けることに高い価値を認めていない。それ故社員は固有の利益として参加割合の維持のみを述べればよい。

 9. 包括的売却の関係において、規定されている先買権及び譲渡制限決定に関する法的不安定性の克服のため、及び紛争回避のため、相応する会社契約上の予防措置を推奨する。

ドイツ再統一の法律問題

I. 序

　第二次世界大戦の結果ドイツは1949年に分割国家となった。西ドイツ、ドイツ連邦共和国 (die Bundesrepublik Deutschland) はそれ自身民主主義的法治国家として主導的産業国の一つへと発展した。東ドイツ、ドイツ民主共和国 (Deutsche Demokratische Republik (DDR)) はこれに対して共産主義諸国の東側ブロックの中に組み込まれ、それ自身社会主義的労働国家となったのである。

　ドイツ連邦共和国の側からすれば分割はなるほど受け入れられるものではなかったが、しかし、ますます以て事実として受け入れられるようになってきた。連邦共和国憲法、基本法 (Grundgesetz)、の前文にはこう書かれている。「ドイツ全国民は自由な自己決定においてドイツの統一と自由を完成すべく求め続けている」。また旧東ドイツは連邦共和国から国家あるいは国際法上の権利主体として認められてはいなかった。

　それにも拘らず80年代半ばには2つのドイツ国家の存在はほぼ了承されていた。再統一を目指すどころか分割に遭遇した者達の利益のうちに友好的な共存が望まれていた。それだけに一層今日われわれにとって1989年東西ドイツでなされたことはありえないことであったように思われるのである。その当時のゴルバチョフ大統領のもとでのモスクワにおける改革が始まり、DDRの経済的後退が明らかにされたことに支えられ、自由と自己決定を求めるDDR住民の意志を通じて成し遂げられたのは暴力なき革命による再統一であった。そしてそれはいままで誰も考えなかったことであろうが、最終的に再統一は旧DDR

の領域および住民からやってきたのである。

II. 再統一の経済的政治的そして法的問題──概観

　ここで結果として非常に簡単に述べられていることは実際には今日まで簡単に後追いすることができないような好運の積み重ねであった。起こったことは誰も期待したり予定することができなかったものであった。したがって、西側陣営がほとんど一夜のうちに打ち立てられた任務に対し精神的にも法的または経済的にも覚悟ができていなかったことは驚くべきことではない。数十年にもわたって正反対の国家・経済状態に従ってきておりまた異なった文化圏で発展してきた二つの国家が再統一することは世界中で例のないことであったし、現に例のないことなのである。

　それにも拘らずドイツの再統一の時機は外部状況からすれば考え得る最悪のときであった。西ドイツ経済は大きな景気後退の中にあっただけでなく構造改革の状況にもあった。これに加えて、ドイツ連邦共和国およびその他のヨーロッパ諸国では全ての力をヨーロッパ内部市場の完成に向けていたのであった。しかしながら、殆ど解決できていない任務は僅かな日々のうちに克服されなければならなかった。

　とりわけまず第一に再統一のための法的な枠組み条件を創り出すことが重要なことであった。国際法および国家法的見地から第二次世界大戦の連合国の同意と協力が確保されなければならなかった。その次にできるだけ早いうちにいわゆる統一条約が起草されなければならなかった。この条約は東西ドイツの統合の問題を規制するだけでなく、あらゆる生活領域の将来の共通の法的秩序を今のうちに基本的に処理しておかなければならなかった。そして官報で，1,200頁以上に及ぶ条約に至ったのである。

　最後に金融に関し新たな任務が考慮されなければならなかった。全く時代遅れとなっており国内でも国際的にも競争に耐え得る力がなくなってしまっている旧DDRの経済の再建に殆ど一人で金を出すことを初めから考えたとすれば、

それは間違いであった。旧DDRの地域的インフラストラクチャーの改善のためだけにも1994年末までに420億マルクが納税者の手から東に流れ込んでいる。そして1995年になって初めて東ドイツ経済は1989年の旧DDRの崩壊時の生産量に再び達したのである。今日それはもちろん近代化された経済的基盤に基づいている。

再統一の過程が予想もつかないほどの法的問題を投げ掛けたことはすぐに思い浮かべることができる。それについて大まかに概観すれば。
• 再統一がどのようにドイツ連邦共和国の基本法や、旧DDRの法や国際法と一致して組織付けられねばならなかったのかという問いかけから法的問題が始められた。このことはあらたな形成物がどのような国家形態を有すべきかあるいはその経済秩序や社会制度の秩序がどのように実施されるべきかというような重要な問題の解明を必要としたのである。
• 次に困難なのは東ドイツの土地の所有権問題をどのように評価すればよいかという問題である。これについて旧DDRでは共産主義国家が問題とされており、そこではほとんどの所有権が収容され国家に移譲されていたということが思い起こされなければならない。
• 社会的所有形態を伴ったDDRの国家経済がどのようにして私的所有へと移行されなければならないかも問題であった。明確にされなければならないことは、DDRの生産現場全体が国家所有あるいは国民所有という状態にあったこと。つまり、私企業(private Unternehmen)はなかったということである。
• 最後に再統一されたドイツの生活関係の規律に向けて将来のドイツの法がどのようになって行くべきかを明らかにすることが重要なことである。そこで決定されたことは連邦共和国の法を引き受け部分的にのみ変化した関係に当てはめるということである。しかしこの決定は、適当な期間を定めて移行法を創り出さなければならないという問題の前にたたされることとなった。

ここで法律問題について語る場合、それぞれの法的問題の背後に政策決定の問題が差し込まれていることを見過ごすことはできない。

未だ述べられていないさらなる法領域はさらになお高度の道徳的観点を積み

込まれている。40年間にわたる共産主義支配の間に旧DDRの多くの市民に加えられた不正がどのようにしたら再び回復されるようになるのか？　政治的な不正を刑法的手段で克服することができるのか？　旧政府閣僚、国家公安局の構成員、その他の高権の担い手が自国の法律に基づいて行為をせざるをえなかったということを引合いに出した場合にそれらの者にどのようにして刑法上の責任を問うことができるのか？

　われわれが今までに述べて来た法的問題を個別に取り扱う前に、今一度基本的な法律問題に立ち戻らなければならない。それは再統一の国家法的形成ということである。このことは必要なことである。なぜならば、この問題の解決が他の問題の解決に大きな影響を及ぼすからである。この目的のために我々は今一度ドイツ分割への途およびそれによって生じた状況を簡潔にみてみることにしたい。

III.　ドイツ分割と再統一の法的形成

1.　分割――冷戦――再接近

　1945年5月のドイツ降伏の後第二次世界大戦の連合国(アメリカ、フランス、イギリス、ソ連)は旧ドイツ領に対する統治権を受け継ぎ、それを分割し、例えば帝国の首都であったベルリンは4つの占領区に分けられた。各連合国毎に占領区の一つに対する統治権が引き継がれた。

　ドイツの将来に関する一方における西側連合国、他方におけるソ連の考え方の違いが明らかにされた後に、西側占領区とソ連地区とのそれぞれの発展は異なった経緯をたどった。それは最後にはドイツの分割に至るのである。

・ベルリン西地区を含む西側連合国区域は、まず共通の経済地域とされ、次に1949年に統一国家の形に統合された。このように成立したドイツ連邦共和国は基本法によって法治国家の基礎に基づく民主主義的社会国家の組織を得たのである(基本法20条)。連合国が新たな国家に関して一定の権力を留保していたのは勿論である。

・ソ連の影響下にあってソ連占領地区においても新たな国家、ドイツ民主共和国、の設立に至った。その国家は、一政党、ドイツ社会主義統一党（Sozialistische Einheitspartei Deutschlandes (SED)）が指導権をもつ組織を有していた。国家の設立に先行してなされたことは、ソヴィエト占領軍による広範囲にわたる私的所有権の補償がないままの没収と国有化であった。

東ドイツと西ドイツとでのそれぞれの異なった政治的経済的発展の結果、何千人もの人々が東側地区から西側へ逃亡することになった。DDR は国境の封鎖と 1961 年の壁の構築によってこの逃亡に結末をもたらした。東ドイツと西ドイツおよびその時々の援護国との間で冷戦がその高まりを見せてきた。その被害者はお互いに家族の絆がある東西の市民であった。連邦共和国と DDR との間の再接近への数多くの小さな歩みの後に 1972 年両国は将来の両国関係の形成に関する基本条約を締結した。

2. 再統一前のドイツの法状態

基本条約と DDR を独立したドイツ国家として承認することとが結びつけられなかったことはもちろんである。連邦憲法裁判所はその(1973 年 7 月 31 日の)判決 (vom 31. 7. 1973, BVerfGE 36, S. 1ff.) においてこの条約についてドイツの法状況を明らかにした。すなわち、ドイツ帝国は 1945 年の分裂によってもまた連合国による統治権の行使によっても滅亡してはいない。帝国は存続しているが、全体国家としては組織がないことによって行為能力がないとするのである。憲法裁判所裁判官の見解によれば連邦共和国はドイツ帝国の新たな一つの部分組織 (eine Teilneuorganisation) であって、それ自体ドイツ帝国と部分的に同一性を有するものとされる。DDR はドイツに属し、それ故連邦共和国との関係において外国とみなすことはできないとされる (BVerfG, a.a.O., S. 15f.)。

3. 条約共同体そうでなければ再統一？

このような法状態は東ドイツにおける 1989 年の「非暴力革命 (friedliche

Revolution)」そして後になってから好運であったことが判った連邦共和国政府のそれへのひとつの対処がなされてから後に突然自由に処理できるようになった。東西でいまやどのように「ドイツ問題 (deutsche Frage)」を解決すべきかが活発に議論されるようになった。それは2国が条約の基盤に基づいて一つの共同体として存すべきかそれとも再統一された単一のドイツ国家たるべきかというものである。その答えを出したのは国民であった。国境の解放の結果多くの住民が西側へ流出することとなり、そのような展開から条約共同体がもはや機能しなくなるということは明らかとなった。東では国民がいなくなり、西では住居と就業の可能性がなくなった。再統一の途は開放されていた。

4. 再統一への法的な歩み

この途はもちろん政治的また法的理由からほんの僅かしか片づけられなかった。

a. 通貨、経済、社会の同盟の形成に関する条約

1900年旧DDRの領域ではじめて自由選挙がなされてから、ドイツ連邦共和国とドイツ民主共和国の両政府間で「通貨、経済、社会の同盟の形成に関する条約」(Vertrag über die Schaffung einer Währungs —, Wirtschafts — und Sozialunion) (BGBl. 1900 H, 537) を締結するための必要な法的前提が整えられた。ドイツマルクは1対1の交換レートで共通する法律上の支払手段とされた。社会的市場経済が経済同盟の基盤となる。最後に西ドイツの社会保険制度は東ドイツに移行される。さらに条約は(その前文において)両条約締結国の目的表明を含んでいた。それは、DDRが基本法(旧)23条に規定する方法で連邦共和国に加入するという方法で再統一を実現するというものであった。

法形態からみればこの条約の場合国際法上の条約が問題とされていた。しかしこの条約は憲法的性質も有していた。なぜならば同条約は一定の領域における高権のDDRから連邦共和国への移行を事実上生ぜしめるものだからである。

b. 連合国の同意、いわゆる2プラス4条約

再統一に至る道のりのうえで条約締結国はもちろん内部的問題だけでなく対外的問題も克服しなければならなかった。とりわけ連合国をその計画の味方につけなければならなかったし、それらの利益を維持させなければならなかった。2つのドイツ国家と4つの条約国との間の広範囲にわたった交渉は最終的に1990年にいわゆる2プラス4条約（Zwei — plus — Vier — Vertrag）によって実を結んだ。同条約は講和条約の機能をほぼ有しており、ドイツ国家に対内的にも対外的にも完全な主権を返還するものである。

c. DDR諸州の連邦共和国への加盟と統一条約

最初のドイツ全体の選挙に関する条約の基盤に基づきそして再統一の方式に関する一連の包括的条約（いわゆる統一条約（Einigungsvertrag））に基づき再統一の本来の行為が実施された。1993年9月23日のDDRの人民議会（Volkskammer）決議によってあらたに設立されたDDRの6つの州はドイツ連邦共和国へと加盟したのであった。そのことによってDDRは独立の法主体ではなくなった。統一条約によって、再統一に際して存在していたドイツ連邦共和国の法はあらたな諸州へ移行された。

再統一の実行の国家法上の基礎はこの叙述にみられるよりずっと論争されてきていた。それにも拘らず法律上の議論は加盟という方法の合法性を認めた（1990年9月18日の）連邦憲法裁判所の決定（vom 18. 9. 1990, DVB1. 1990, S. 1163ff.）によって終結を見た。

IV. 再統一の結果生じた個別的法律問題

再統一の費用および東ドイツ経済の西ドイツのレヴェルへの適合について基本的に思い違いがあった。しかし、再統一が結果として多くの法的問題を投げ掛けるということについてはもとより何の錯覚もなかった。そのような数多くの法的問題のうち本報告はほんの僅かのものを取り上げ述べ得るにしかすぎな

い。再統一が投げ掛けた民法および経済法上の法律問題の説明にだけでも少し前に1,200頁以上におよぶ説明があらわれていた。私は再統一が単に民法および経済法上の法律問題を投げ掛けたにしかすぎないという印象をもってもらいたくない。われわれはこの関係で、機能的な行政制度および司法制度の再建をもたらすことになった数多くの事実上および法律上の困難をなおざりにせざるを得ない。

1. 東ドイツ経済の私有化

再統一の結果生じた法律問題の最初のグループは東ドイツ経済の私有化（Privatisierung）に関するものである。その際とりわけ重要なことは、国有という形をとっているDDRの国家経済における生産現場を市場経済の組織形態に移行することである。そのことが行われたのは、連邦共和国の会社法がまず旧DDRの領域に次に新たな連邦諸州に適用されたことによってであった。そのことと関連して国有のコンビナート（Kombinate）は株式会社に移行したが、その一方、コンビナート人民企業その他の経済単位は有限会社に転換された。この方法に基づき合計8,000以上の企業が成立した。

あらたな企業の信託所有者はまず以て旧DDRの国有財産の再編の目的で特に設立された部局、いわゆる信託公社（Treuhandanstalt）であった。この部局に義務づけられていたことは個々の企業を個人投資家に譲渡することであった。そのような投資家を見つけるために、時には企業構造を新たにする必要もあった。信託によって管理されている企業の分割に関する特別法が非常に大きな企業の分割のための緩和された要件を創り出していた。信託公社が特に配慮したことは企業がその取得後も事実上継続され、企業に属する土地を理由としてだけでなく買収されるという点にあった。この目的のために相応する投資協定が締結されたのである。

東ドイツ経済の再建を駆り立てるために、投資振興の数多くの措置がとられた。とりわけ投資のために必要なインフラストラクチャーをできるだけ早く再建することが企てられた。しかしおそらく最も重要な投資振興策はあらたな連

邦諸州への投資の事実上法律上の障害をできる限り除去するという点にあった。とりわけこのことは、1989年以降に公布された数多くの法律が投資を阻害する不必要な規制を取り調べ改正したということに行き着いた。これに関する重要な措置は例えば1991年3月の企業の私有化および投資の振興に対する障害の除去に関する法律ならびに経済振興のための計画「躍進する東側（Aufschwung Ost）」である。

2. 未解決の財産問題の規制

重大な投資への障害の一つとして、後になって指摘されたのは再統一の結果生じた最も重要な法律問題のひとつに関する基本的決定であった。それはいわゆる未解決の財産問題（offene Vormögensfragen）である。その場合に問題とされたのは何か？　終戦後ソヴィエト地区および後のDDRにおいては大規模に企業と土地が収容されてしまった。再統一によってこの収容にどのような法的結果が出されるかという問題が提起された。統一条約の締結以前になお1949年以後もDDRによって補償のないまま収容された財産を以前の所有者に返還するということが了承されていた。それにしたがって「未解決の財産問題の規制に関する法律（Gesetz zur Regelung offner Vermögensfragen）」は返還義務の原則によって支配されていた。返還の原則が破られたのは僅かな例外的場合だけだった。それは例えば返還が客観的または経済的に不可能な場合あるいは第三者が目的物あるいは土地を善意取得してしまっていた場合である。

多くの者が原状回復原則の法律上の定着を再統一の法秩序の重大な過ちの一つとして批判してきた。それがどうであれ、「補償に代わる返還（Rückgahe statt Entschädigung）」の原則によって、工業用財産の再私有化および私的産業活動のための最大の障害の一つが新たな連邦諸州において生じたことに議論の余地はない。財産の返還を求める120万件の申請のうち1992年末になってようやく15%が処理されたにすぎない。返還申請の圧倒的多数は土地と企業に向けられていた。それ故、企業と土地の所有権状態に関する不安定性が多くの投資家の熱を冷めさせたということは容易に理解できることである。それに加えて酷

かったのは、法律が、原状回復請求の目的とされた財産客体に対する処分制限を定めたことである。

そこで次にあらたな連邦諸州における経済の再建のためのこれらの規制の破滅的な効果を緩和するために個人投資の振興のための特別法が作られた。同法は、投資計画を返還請求よりも優先させることを補償するという原則に従い、「投資家先行（Vorfahrt für Investoren）」というモットーの下に立っていた。それで、企業、土地または建物は、収容にあった旧所有権者の原状回復請求がなされた場合でも個人投資家に譲り渡すことができたのである。同時に原状回復請求に関する判断を促し明確な所有状況を創り出すため様々な措置がなされた。

しかし、原状回復原則に対する立法者の判断はさらに一連の克服されるべきものとされる問題をもたらした。この点に関しほんの一つの例だけを示せば、ドイツ法によれば土地の所有者は同時にその土地の上に立てられた建物の所有者である。旧DDRにおいて多くの市民は収容された（他人の）土地に対する利用権を有していた。この権利に基づき彼らは土地の上に建物を築いていた。現在の法によればこの建物は収容された土地の所有権者に属することになる。これに対する補償のため所有権者は建物の建設者に対しその者の損失を賠償しなければならない。このことは建物の建設者にとってもまた実際の所有者にとっても負担である。この場合に適切な利益調整を行うため、民法典はいくつかの物権法上の規定を変更している。土地の現在の利用者は二つの可能性から選択できるものとされる。それは、建物が築かれている土地を利用者が時価の半額で買い取るか、あるいは、自分のために従来の賃借料の半額で事後的に土地に対する利用権（いわゆる地上権（Erbbaurecht））が設定されるように求めるか、という二つの可能性である。

3. 復権と補償による修復

旧DDRの司法、行政そして政党組織は多くの個人に非常な不正を加え、彼らの人権は屡々大変酷く侵害された。立法者はこのような不正をこのままにしておくべきではないと判断した。それどころか立法者はもたらされた不正を広

範囲にわたって出来る限り修復しようと努めた。このような任務を尽くすべく一連の立法的措置が講ぜられている。

　その措置の最初のグループはDDRの不正な法律によって自己の政治的あるいは宗教的確信の故に刑法上処罰の対象となった市民の復権に役立たせられている。旧DDRで自由な法治国家秩序の本質的原則と相応しないなんらかの刑事判決を受けた限りにおいて、申請に基づきその刑事判決は破棄されることとなる。その際政治的追求の道具とされたりあるいはなされた行為と甚だ不釣合いな量刑が言い渡されている判決は法治国家の原理に反するものとされる。判決が破棄される場合さらに犠牲者の補償のための給付が予定されている。1994年末までに10万を越える修復の申請が処理され賠償額は4億マルク以上におよんでいる。

　措置の第二のグループは、法治国家の原理に反した行政行為の犠牲となった市民の復権と補償に役立たせられている。政治的追求の道具とされたり、専断的行為であるとされたり、結果的に今日もなお効力を有している行政機関のあらゆる行為が問題とされる。最後に措置の第三のグループは、法治国家の原理に反した行為によって自己の教育や職業に不利益を被った市民の復権に役立たせられている。その限りでまた、そうした行為の結果が跡付けられることを附加的に求めることができるだけである。

　もたらされた不正は復権と補償によっても他のなんらかの措置によっても起こらなかったものとする訳には行かないことは明らかである。しかし、共産主義政党の40年にわたる支配によって財産法上の効果はなくなるが、それでも刑事判決及び行政行為の形でなされた不正の効果をなくすことをかまっていないことは言い訳の立たないことかも知れない。

4.　行為者の処罰による修復？

　DDRの社会主義統一党の支配はもはや復権や補償を受けることができない数多くの犠牲者を残している。それを越えてさらにその廃止よりもより厳しい制裁が求められる不正な多くの行為がなされている。それ故再統一の法律問題

には刑法上の手段によってDDRの不正を追及することも含まれる。

　一部はずっと以前に遡ってしまう行為の追及はまず立証の問題の前におかれる。それにも拘らずその問題は思うほど重大なものではない。行為はもはや何の材料もなくなってしまうことになるほど遡ってしまうわけではない。さらに過去になされたDDRの不正は連邦当局によって可能な限り文書化されている。そして最後にわれわれはDDRの国家公安局およびDDR司法局の文書の重要な部分を自由にすることができるのである。

　DDRの不正の刑法上の請求にとって非常な妨げとなるのは、旧DDRでなされた行為の多くがDDRの刑法によっては犯罪ではないが、連邦共和国の刑法によってのみ犯罪たるべきものとされるという事情である。統一条約の規定によれば(EGStGB315条)そのような場合には刑罰を免れるべきものとされる。さらにドイツの国際刑法の規定に基づいても、連邦共和国において今日管轄権ある刑事裁判所は旧DDRにおける行為に対して行為時および行為地に対して適用された法、すなわちDDRの法を適用しなければならないということにならざるを得ない。

　このような法的前提があるにも拘らず、そうこうするうちに多くの事例において、DDRから逃れようとしていた人々を上からの指令に従い銃撃したDDRの当時の国境警備兵を有罪とすることになった。このような「壁の防護(Mauerschützen)」行為はDDRの法によれば刑罰の対象にはならないものであった。それどころかDDRの国境法によれば火器の使用はDDRからの逃亡の企てを挫折させるために許されていたのである。それにも拘らず、ドイツ最高刑事裁判所、連邦最高裁判所は、DDRの国境法も火器の使用の指令も逃亡者の殺人に対する正当化の根拠として認めなかった。それどころか最高裁は国境法および火器の使用の要求によってDDRは、人権に関する国際条約締結国として自己が負担した義務に違反しているという見解を主張したのである。それ故壁での発砲は正当化の根拠がないため行為時についてDDRの法によっても刑罰の対象とされることになったのである。さらに裁判所は火器の使用の指令と表面上の法律上の正当化を責任阻却事由とはしなかった。その者の逃亡を

妨げるために防護手段のない逃亡者に致命傷となる銃撃を加えるという不正は教化された国境警備兵すら認識することができたものであろう。

「壁の防御」裁判は二つの方向で激しい論争を引き起こした。その一つは、指令を受ける者や小物（kleine Leute）に刑法上責任を課すだけでなく、大物（Großen）、すなわち不正について最終的に責任がある党役員に責任を課すように求めるきっかけを与えたものである。いま一つはこの裁判が旧 DDR における不正が専らどの範囲で刑法的手段によって克服され得るのかという議論を引き起こしたことである。これに関連して「勝者による裁判（Siegerjustiz）である」という非難も起こった。「大物」すなわち不正に対して責任がある政治家の訴追への要求は司法によって真摯に検討されているが、それらの者に刑事法上責任を課することについては依然として非常な困難がある。DDR 時代の犯罪、とりわけ政府の犯罪がさらに追及されるべきかという問題は犠牲者の利益を考えれば圧倒的多数の国民にとって肯定されるべきものに思われる。

V. 要　約

以上の展望で述べることができたのは再統一が投げ掛けた法律問題のスペクトルの小部分にしかすぎない。そこで示されたのは再統一の国家法上国際法上の組織から明らかにされた法的問題であった。それらの問題はそうこうするうちに解決された。それにも拘らずわれわれは結果として生じた法律問題になお数年間はかかわることになるが、それはせいぜい基本的判断の誤ちから生じたものに限られるであろう。

編訳者紹介

丸山　秀平
1950年　千葉県市川市に生まれる
1974年　中央大学法学部卒業
1974年　中央大学法学部助手
1979年　中央大学法学部助教授
1983年～1985年　西ドイツハンブルク大学商法経済法海商法研究所客員研究員
1986年　中央大学法学部教授　現在に至る
1993年　ドイツミュンスター大学法学部客員教授

〈主要著書〉
『株式会社法概論』（中央経済社、1992年）
『手形法小切手法概論』（中央経済社、1995年）
『ドイツ企業法判例の展開』（編著　中央大学出版部、1996年）
『続ドイツ企業法判例の展開』（編著　中央大学出版部、1998年）

訳者紹介

山内　惟介　　中央大学法学部教授
小宮　靖毅　　明治学院大学法学部助教授
篠田　四郎　　名城大学法学部教授
佐藤　文彦　　名城大学法学部助教授
藤嶋　肇　　　中央大学大学院法学研究科博士課程後期課程

ドイツ資本市場法の諸問題　　　　　　　　　日本比較法研究所翻訳叢書　(45)

2001年8月10日　初版第1刷発行

　　　　　　　　　　　　　　　　　　© 編訳者　丸山　秀平
　　　　　　　　　　　　　　　　　　　発行者　辰川　弘敬

〈検印廃止〉
　　　　　　　　　　　　　　　発行所　中央大学出版部
　　　　　　　　　　　　　　　〒192-0393
　　　　　　　　　　　　　　　東京都八王子市東中野742-1
　　　　　　　　　　　　　　　電話0426(74)2351 FAX0426(74)2354

ISBN4-8057-0346-6　　　　　　　研究社印刷・千代田製本

日本比較法研究所翻訳叢書

0	杉山直治郎訳	仏蘭西法諺	B6判（品切）
1	F・H・ローソン 小堀憲助他訳	イギリス法の合理性	A5判 1200円
2	B・N・カドーゾ 守屋善輝訳	法の成長	B5判（品切）
3	B・N・カドーゾ 守屋善輝訳	司法過程の性質	B6判（品切）
4	B・N・カドーゾ 守屋善輝訳	法律学上の矛盾対立	B6判 700円
5	ヴィノグラドフ 矢田一男他訳	中世ヨーロッパにおけるローマ法	A5判 1100円
6	R・E・メガリ 金子文六他訳	イギリスの弁護士・裁判官	A5判 1200円
7	K・ラーレンツ 神田博司他訳	行為基礎と契約の履行	A5判（品切）
8	F・H・ローソン 小堀憲助他訳	英米法とヨーロッパ大陸法	A5判（品切）
9	I・ジュニングス 柳沢義男他訳	イギリス地方行政法原理	A5判（品切）
10	守屋善輝編	英米法諺	B6判 3000円
11	G・ボーリー他 新井正男他訳	〔新版〕消費者保護	A5判 2800円
12	A・Z・ヤマニー 真田芳憲訳	イスラーム法と現代の諸問題	B6判 900円
13	ワインスタイン 小島武司編訳	裁判所規則制定過程の改革	A5判 1500円
14	カペレッティ編 小島武司編訳	裁判・紛争処理の比較研究(上)	A5判 2200円
15	カペレッティ編 小島武司他訳	手続保障の比較法的研究	A5判 1600円
16	J・M・ホールデン 高窪利一監訳	英国流通証券法史論	A5判 4500円
17	ゴールドシュテイン 渥美東洋監訳	控えめな裁判所	A5判 1200円
18	カペレッティ編 小島武司編訳	裁判・紛争処理の比較研究(下)	A5判 2600円
19	ドゥローブニク 他 真田芳憲他訳	法社会学と比較法	A5判 3000円
20	カペレッティ編 小島・谷口編訳	正義へのアクセスと福祉国家	A5判 4500円
21	P・アーレンス 小島武司編訳	西独民事訴訟法の現在	A5判 2900円
22	D・ヘーンリッヒ編 桑田三郎編訳	西ドイツ比較法学の諸問題	A5判 4800円

日本比較法研究所翻訳叢書

23	P・ギレス 編 小島　武司 編訳	西独訴訟制度の課題	Ａ５判 4200円
24	M・アサド 真田芳憲訳	イスラームの国家と統治の原則	Ａ５判 1942円
25	A・M ブラット 藤本・河合訳	児童救済運動	Ａ５判 2427円
26	M・ローゼンバーグ 小島・大村編訳	民事司法の展望	Ａ５判 2233円
27	B・グロスフェルト 山内惟介訳	国際企業法の諸相	Ａ５判 4000円
28	H・U・エーリヒゼン 中西又三 編訳	西ドイツにおける自治団体	Ａ５判 1600円
29	P・シュロッサー 小島武司 編訳	国際民事訴訟の法理	Ａ５判 1100円
30	P・シュロッサー他 小島武司 編訳	各国仲裁の法とプラクティス	Ａ５判 1500円
31	P・シュロッサー 小島武司 編訳	国際仲裁の法理	Ａ５判 1400円
32	張　晋藩 真田芳憲監修	中国法制史（上）	Ａ５判 3100円
33	W・M・フライエンフェルス 田村五郎 編訳	ドイツ現代家族法	Ａ５判 3200円
34	K・F・クロイツァー 山内惟介監訳	国際私法・比較法論集	Ａ５判 3500円
35	張　晋藩 真田芳憲監修	中国法制史（下）	Ａ５判 3900円
36	J・レジエ他 山野目章夫他訳	フランス私法講演集	Ａ５判 1500円
37	G・C・ハザード他 小島武司 編訳	民事司法の国際動向	Ａ５判 1800円
38	オトー・ザンドロック 丸山秀平編訳	国際契約法の諸問題	Ａ５判 1400円
39	E・シャーマン 大村雅彦編訳	ＡＤＲと民事訴訟	Ａ５判 1300円
40	ルイ・ファボル他 植野妙実子 編訳	フランス公法講演集	Ａ５判 3000円
41	S・ウォーカー 藤本哲也編訳	民衆司法——アメリカ刑事司法の歴史	Ａ５判 4000円
42	ウルリッヒ・フーパー他 吉田　豊・勢子 監訳	ドイツ不法行為法論文集	Ａ５判 7300円
43	スティーヴン・L・ペパー 住吉　博 編訳	道徳を超えたところにある法律家の役割	Ａ５判 4000円
44	W・マイケル・リースマン他 宮野洋一他訳	国家の非公然活動と国際法	Ａ５判 3600円

＊価格は本体価格です。別途消費税が必要です。